Direito empresarial para gestores

DIREITO

Direito empresarial para gestores

Margô Trindade Sartori
Lidia Duarte Vivas

Copyright © 2019 Margô Trindade Sartori; Lidia Duarte Vivas

Direitos desta edição reservados à
FGV EDITORA
Rua Jornalista Orlando Dantas, 37
22231-010 | Rio de Janeiro, RJ | Brasil
Tels.: 0800-021-7777 | 21-3799-4427
Fax: 21-3799-4430
editora@fgv.br | pedidoseditora@fgv.br
www.fgv.br/editora

Impresso no Brasil / *Printed in Brazil*

Todos os direitos reservados. A reprodução não autorizada desta publicação, no todo ou em parte, constitui violação do copyright (Lei nº 9.610/98).

Os conceitos emitidos neste livro são de inteira responsabilidade dos autores.

1ª edição – 2019

PREPARAÇÃO DE ORIGINAIS: Sandra Frank
REVISÃO: Fatima Caroni
CAPA: aspecto:design
EDITORAÇÃO ELETRÔNICA: Abreu's System

Ficha catalográfica elaborada pela Biblioteca Mario Henrique Simonsen/FGV

Sartori, Margô Trindade
    Direito empresarial para gestores / Margô Trindade Sartori e Lidia Duarte Vivas. – Rio de Janeiro : FGV Editora, 2019.
    198 p.

    Publicações FGV Management.
    Área: Direito.
    Inclui bibliografia.
    ISBN: 978-85-225-2121-0

    1. Direito empresarial. I. Sartori, Margô Trindade. II. Vivas, Lidia Duarte. III. FGV Management. IV. Fundação Getulio Vargas. V. Título.

CDD – 342.2

Aos nossos alunos e aos nossos colegas docentes, que nos levam a pensar e repensar nossas práticas.

Sumário

Apresentação	11
Introdução	13
1 | Direito empresarial e sua evolução no mercado	15
Da comercialidade à empresarialidade	15
Relações com o direito privado	17
Relações com o direito público	19
Conexão direito privado e direito público	22
2 | Estrutura jurídica da empresa	25
Conceito jurídico de empresário individual e sua atuação no cenário empresarial	25
Empresa individual de responsabilidade limitada (Eireli)	33
Sociedade	43
Obrigações para o regular exercício da atividade empresarial	48
Empresário de fato e sociedade em comum (sociedade irregular ou sociedade de fato)	50
Estabelecimento empresarial (fundo de empresa) e sua relevância no valor patrimonial da pessoa jurídica	56
Nome empresarial	60
Propriedade industrial: marcas dos produtos	61
Invenção e modelo de utilidade	62
Desenho industrial	63
Marca	63

3 | Tipos de sociedade no mercado	65
Quadro de sociedade no Brasil	65
Tipos societários no Brasil	66
Encerramento regular da empresa e a responsabilidade posterior dos sócios	86
Novos modelos de negócios	88
4 | Agentes jurídicos da empresa	95
Administrador da sociedade	95
Sócios	100
Colaboradores da empresa: auxiliares dependentes internos e externos	103
Colaboradores da empresa: auxiliares independentes	112
5 | Contratos empresariais	119
Princípios que regem os contratos	119
Classificação dos contratos	120
Objeto do contrato empresarial	121
Representação comercial	121
Franquia ou *franchising*	125
Faturização ou *factoring*	130
Arrendamento mercantil ou *leasing*	133
Alienação fiduciária	139
6 | Empresa e sua clientela: produtos e serviços pela ótica do Código de Defesa do Consumidor	143
Relação jurídica de consumo	143
Responsabilidade pelo fato e vício do produto ou serviço	148
Contratos nas relações de consumo	158
7 | Empresa em crise economico-financeira: ferramentas jurídicas de recuperação empresarial	171
Recuperação judicial	171
Meios de recuperação da empresa	174
Plano de recuperação judicial	175
Descumprimento do plano de recuperação	176

Convolação da recuperação judicial em falência 177
Plano de recuperação judicial para microempresas e
empresas de pequeno porte 177
Recuperação extrajudicial 179
Falência 180

Conclusão 187
Referências 189
As autoras 193

Apresentação

Este livro compõe as Publicações FGV Management, programa de educação continuada da Fundação Getulio Vargas (FGV).

A FGV é uma instituição de direito privado, com mais de meio século de existência, gerando conhecimento por meio da pesquisa, transmitindo informações e formando habilidades por meio da educação, prestando assistência técnica às organizações e contribuindo para um Brasil sustentável e competitivo no cenário internacional.

A estrutura acadêmica da FGV é composta por escolas e institutos, todos com a marca FGV, trabalhando com a mesma filosofia: gerar e disseminar o conhecimento pelo país.

Dentro de suas áreas específicas de conhecimento, cada escola é responsável pela criação e elaboração dos cursos oferecidos pela FGV Educação Executiva, criada em 2003 com o objetivo de coordenar e gerenciar uma rede de distribuição única para os produtos e serviços educacionais da FGV.

Este livro representa mais um esforço da FGV em socializar seu aprendizado e suas conquistas. Foi escrito por professores da FGV, profissionais de reconhecida competência acadêmica e prática, o que torna possível atender às demandas do mercado, tendo como suporte sólida fundamentação teórica.

A FGV espera, com mais essa iniciativa, oferecer a estudantes, gestores, técnicos e a todos aqueles que têm internalizado o conceito de educação continuada, tão relevante na era do conhecimento na qual se vive, insumos que, agregados às suas práticas, possam contribuir para sua especialização, atualização e aperfeiçoamento.

Rubens Mario Alberto Wachholz
Diretor da FGV Educação Executiva

Sylvia Constant Vergara
Coordenadora das Publicações FGV Management

Introdução

O objetivo deste livro é propiciar ao gestor contemporâneo uma visão holística do cenário empresarial por meio de ferramentas jurídico-operacionais como auxílio no enfrentamento dos desafios encontrados diariamente nas organizações.

Nessa proposta, o livro está estruturado em sete capítulos, abordando o desenvolvimento da empresa desde sua constituição, em suas diversas modalidades, sua maturação e realinhamento patrimonial diante de eventuais crises econômico-financeiras.

O primeiro capítulo trata do direito empresarial e sua evolução no mercado, abrangendo a evolução da comercialidade à empresarialidade e suas relações com os direitos público e privado.

No capítulo 2, a obra aborda a estrutura jurídica da empresa, apresentando o empresário individual, a Eireli (empresa individual de responsabilidade limitada), a composição societária e as obrigações jurídicas necessárias ao exercício regular dessas atividades empresárias.

Na sequência, o capítulo 3 aborda os tipos societários existentes no Brasil, enfatizando a sociedade limitada e a sociedade anônima como modelos tradicionais de fomento da atividade econômica, além do encerramento regular da empresa e responsabilidade de seus sócios, bem como enumerando modelos alternativos de negócios.

O capítulo 4 versa sobre os agentes jurídicos da empresa, destacando os atores do cenário organizacional, como o administrador da sociedade, os sócios da empresa e seus colaboradores.

O capítulo 5 discorre sobre os contratos empresariais, apresentando as modalidades mais usuais no ambiente corporativo, de forma a instrumentalizar as relações negociais.

O capítulo 6 trata da empresa e sua clientela, nas relações *business-to-business* (B2B) e *business-to-consumer* (B2C) pela ótica consumerista.

Por fim, o capítulo 7 apresenta a crise econômico-financeira das organizações e as ferramentas jurídicas aplicáveis ao soerguimento da atividade empresarial.

1
Direito empresarial e sua evolução no mercado

Neste capítulo, abordaremos a evolução do direito empresarial, com a identificação de suas fases ao longo da história do desenvolvimento do comércio no mundo e suas relações com os direitos privado e público.

Da comercialidade à empresarialidade

É incontestável a posição que o direito empresarial ocupa em nossas vidas. A simples aquisição de alimentos, desde o plantio até a chegada a nossas mesas, o contrato de aluguel de uma casa ou de sala comercial, operações de crédito, emissão de cheques, fusão de empreendimentos, a proteção ao consumidor são variados exemplos, que aqui não se esgotam, do contexto de uma atividade econômica que norteia nossa existência.

Tudo isso teve início em tempos longínquos, com o incremento das feiras, quando o comércio não era fixo e o mercador levava suas mercadorias para diversas praças que se tornaram famosas na época, como as de Florença, Bolonha, Gênova, entre outras.

Ao estudarmos o direito empresarial, vamos observar, ainda, que ele passou por várias fases. No início, era um direito próprio dos mercadores – classista ou corporativista –, que se pautava nos usos e costumes. Nas palavras de Fran Martins (1996:24), "direito de amparo aos comerciantes".

Essa primeira fase, que abrange os séculos XII a XVI, é a fase descrita por alguns doutrinadores, como Rubens Requião (2014), Fábio Ulhôa Coelho (2015) e outros, como a fase subjetivista do direito comercial. Nela, surgiram o contrato de seguro, a evolução das sociedades marítimas, as companhias (mais tarde denominadas sociedades em nome coletivo), as sociedades por ações e outros institutos.

A segunda fase, que vai do século XVII ao século XVIII, é marcada pelo mercantilismo, com a descoberta e colonização de outros territórios, aumentando o intercâmbio comercial, ligando a Europa a novos continentes.

A terceira fase surge no século XIX, com o advento da Revolução Francesa. Naquele momento, ocorreu uma mudança na percepção advinda dos próprios ideais revolucionários: liberdade, igualdade e fraternidade. Não era possível um direito que protegesse apenas a classe dos mercadores, quando o sistema jurídico passou a fundar-se nestes pilares. A lei haveria, a partir de então, de resguardar também o consumidor.

Neste contexto, chamado de fase objetivista, em 1806 foi promulgado o Código Napoleônico (ou *Code de Commerce*), com o foco no ato de comércio e não mais na figura do comerciante. O comerciante era considerado aquele que praticava atos de intermediação entre produtor e consumidor, visando o lucro. Essa concepção do direito comercial como o direito dos atos de comércio foi, ao longo dos anos, bastante criticada pela imprecisão do que seria propriamente um ato de comércio e um ato civil, constituindo a base do nosso Código Comercial de 1850.

A quarta fase do direito, agora chamado de empresarial, surgiu com o *Codice Civile* italiano, em 1942, e estabeleceu um novo olhar para a atividade negocial. No Brasil, com a entrada em vigor do Código Civil (CC) de 2002, passou-se a adotar a chamada "teoria da empresa", atual fase do nosso direito empresarial.

Abandonou-se o conceito de comerciante como mero intermediador e passou-se a adotar a figura do empresário, aquele que organiza a atividade econômica para a produção e circulação de bens e de serviços.

Relações com o direito privado

Iremos analisar agora a relação existente entre o direito empresarial e o privado. Nesse sentido, serão apontados os ramos do direito privado pelo prisma do direito empresarial, refletindo a interdisciplinaridade em relação aos direitos civil e do trabalho. Estes, ao lado do empresarial, formam o tripé do direito privado.

O direito empresarial vincula-se ao civil desde sua origem. Ainda na primeira fase, o direito comercial era parte integrante do *ius gentium* (conceito tomado dos romanos, traduzido literalmente como direito das gentes) e aplicado às relações dos estrangeiros entre si e cidadãos romanos.

Naquele momento, o direito comercial estava inserido no civil. Posteriormente, com a Revolução Francesa (1789) e o Código de Napoleão, passou a ser um ramo autônomo. Nesse contexto, aplicava-se a teoria dos atos de comércio, na qual o foco se encontrava na atividade de mercancia, ou seja, nos atos de intermediação, sendo elaborados os códigos comerciais. No Brasil, o Código Comercial, surgido em 1850, abraçou a referida teoria.

Posteriormente, em 1942, o Código Civil italiano rompeu o paradigma até então existente, trazendo a teoria da empresa – que será analisada posteriormente. Por essa razão, substituiu-se o direito comercial pelo empresarial. O Código Civil italiano, assim como o brasileiro de 2002, trouxe novamente normas de direito empresarial.

Verifica-se que, além de trazer as normas específicas do direito empresarial, o direito civil, em seus diversos aspectos e sub-ramos, aplica-se àquele, conforme se pode vislumbrar nos contratos celebrados pelos empresários e também nas obrigações firmadas por eles. Os contratos, regidos primordialmente pelo direito civil, são a base dos negócios jurídicos celebrados pelos empresários.

As sociedades empresárias e os empresários exercem a atividade econômica organizada por meio dos contratos. Existem os contratos empresariais clássicos, como representação comercial, franquia e arrendamento mercantil (*leasing*), e os contratos em geral, por meio dos quais se desenvolve a empresa.

Além dos próprios contratos, as obrigações neles estabelecidas também são regidas pelo direito civil. Torna-se imprescindível o domínio das espécies de obrigações, assim como de suas formas de constituição, modificação e extinção. As hipóteses de vencimento e pagamento estão relacionadas ao direito empresarial, uma vez que constituem meios de quitação dos próprios contratos celebrados entre os empresários. Torna-se necessário identificar os credores, devedores, objeto, tempo e local do pagamento.

O direito do trabalho encontra-se intimamente vinculado ao empresarial, enquanto ramo do direito responsável por regulamentar as relações de trabalho. Primeiramente, a atividade econômica organizada necessita de mão de obra para seu exercício. Assim, deve-se realizar a contratação de pessoas que estão regidas pela relação de trabalho, tutelada pelo direito do trabalho. Ademais, este também se vincula ao empresarial em razão da função social da empresa. A atividade econômica organizada tem como escopo a obtenção de lucro que, não obstante, deve estar inserida nos parâmetros da legalidade, representando a necessidade de atender aos requisitos previstos pelo ordenamento jurídico.

Em relação ao direito privado, é imprescindível observar os preceitos do direito do trabalho. Sendo assim, compete a cada empresário ou gestor dominar esse ramo; qualquer alteração na legislação trabalhista repercutirá de forma preponderante na dinâmica empresarial.

Dessa forma, resta nítido o vínculo estreito entre o direito empresarial, o direito civil e a interdisciplinaridade de ambos com o direito do trabalho. Por meio dessa breve análise, tornou-se possível constatar a relevância do direito empresarial com os distintos ramos que compõem o direito privado.

Relações com o direito público

Na seção anterior, verificou-se a relação existente entre o direito empresarial e o privado. Agora, serão analisados os distintos ramos do direito público pelo prisma do empresarial.

Inicialmente considerado ramo exclusivo do direito privado, pode-se afirmar, frente ao direito empresarial, sua conectividade com o direito público, uma vez que, por meio da função social da empresa, os efeitos são reverberados para a coletividade como um todo e não individualmente para o empresário.

Cabe, portanto, analisar o que vem a ser a função social da empresa, ou seja, a possibilidade de a empresa repercutir efeito não apenas para si mesma, mas para a comunidade inserida em seu contexto. A atividade econômica organizada é responsável pela geração de empregos, receitas e tributos. Retira-se o caráter individual e privado do direito empresarial ao inseri-lo no contexto global, em que a empresa se torna responsável não apenas pela obtenção pura e simples de lucro, mas por vincular-se a uma comunidade e desenvolver uma função social.

Para tanto, a empresa deve respeitar e atender as normas preceituadas pelos diversos ramos do direito público, como o tributário, o administrativo e, primordialmente, o constitucional, este a fonte normativa primária do direito empresarial, que busca a base no art. 170 da Constituição (CRFB) ao estatuir a liberdade da ordem econômica:

Art. 170. A ordem econômica, fundada na valorização do trabalho humano e na livre-iniciativa, tem por fim assegurar a todos existência digna, conforme os ditames da justiça social, observados os seguintes princípios:
I - soberania nacional;
II - propriedade privada;
III - função social da propriedade;
IV - livre concorrência;
V - defesa do consumidor;
VI - defesa do meio ambiente;
VII - redução das desigualdades regionais e sociais;
VIII - busca do pleno emprego;
IX - tratamento favorecido para as empresas brasileiras de capital nacional de pequeno porte.
Parágrafo único. É assegurado a todos o livre exercício de qualquer atividade econômica, independentemente de autorização de órgãos públicos, salvo nos casos previstos em lei.

Nesse contexto, todo o arcabouço de sustentação do direito empresarial foi elaborado tendo como norte os preceitos constitucionais advindos da Constituição de 1988, como a proteção à micro e pequena empresa, que teve seus preceitos alterados por meio do instituto da recuperação especial.

A recuperação judicial pelo plano especial, também denominada recuperação especial, será devidamente abordada no capítulo 7. No momento do advento da Lei nº 11.101/2005, a recuperação especial foi desenvolvida especialmente para os micro e pequenos empresários ou empresas, envolvendo apenas créditos quirografários na recuperação, conforme disposição do art. 71.

Contudo, a aplicação prática desse dispositivo impedia a plena aplicação da recuperação especial. Sendo assim, em 2014 houve uma alteração e, desde então, podem ser abrangidos todos os créditos na recuperação especial. Verifica-se, assim, a nítida correlação entre direito empresarial e direito constitucional.

O direito empresarial também se encontra adstrito ao tributário, tendo em vista que, não obstante o intuito primordial de obtenção de lucros das sociedades empresárias, estas devem cumprir o que foi estabelecido pelo ordenamento jurídico em relação às normas tributárias, que determinam a incidência dos mais diversos tributos nas atividades econômicas organizadas, ainda que de forma mais simplificada, como ocorre com o Simples (Sistema Integrado de Pagamento de Impostos e Contribuições das Microempresas e Empresas de Pequeno Porte, previsto pelas leis complementares nº 147/2014 e nº 155/2016).

O direito administrativo vincula-se ao direito empresarial, especialmente no que tange aos contratos administrativos – aqueles em que a administração pública figura em um dos polos do contrato.

Os contratos administrativos fazem parte da rotina de determinadas sociedades empresárias, que desempenham suas atividades estreitamente vinculadas à administração pública, seja como fornecedoras de bens ou mercadorias, seja como prestadoras de serviços. A legislação acerca da licitação (procedimento administrativo que garante a imparcialidade e a impessoalidade na contratação com o poder público), Lei nº 8.666/1993, é uma das principais sobre o tema. É essencial ao direito empresarial estar conectado às normas estatuídas pelo direito administrativo, com intuito de alcançar a harmonia entre os ramos do direito.

O direito penal possui estreito elo com o empresarial, especialmente no que toca ao descumprimento de normas que afetam a coletividade. A conduta praticada pela sociedade empresária pode violar a função social de forma tão grave que se torne essencial recorrer ao direito penal para regulamentar a situação. A Lei nº 11.101/2005 traz, em sua parte final, o que a doutrina denomina "crimes falimentares". Trata-se de um conjunto de normas que são regidas pelo direito penal em caso de prática de certos atos que violam a ordem coletiva e a boa-fé, ensejando a aplicação de penalidades.

O direito processual conecta-se com o empresarial em diversos aspectos, uma vez que se trata de um instrumento garantidor do direito material. Encontra-se nítida a relevância do direito processual nos títulos de crédito, bem como no direito falimentar. Os títulos de crédito possuem a característica da executoriedade, o que representa a necessidade de se obter o crédito por meio de uma execução judicial na hipótese de ausência voluntária de pagamento. Já a falência é um processo de execução coletiva, que requer a necessidade de seguir os ditames da norma processual para que seja plenamente efetivado.

O direito empresarial também se encontra vinculado ao direito econômico, uma vez que recebe nítidas influências oriundas da ordem econômica. O direito empresarial é cosmopolita e célere justamente por ter a obrigação de acompanhar todas as modificações decorrentes do setor econômico. o direito econômico é a força motriz do direito empresarial. É válido ressaltar o caráter internacional do direito econômico, que não se encontra adstrito apenas às questões internas, mas também à estrutura internacional. Nesse contexto, o direito empresarial faz a ponte com o ordenamento jurídico interno, adequando as normas aos anseios da ordem econômica.

Por meio dessa análise, constatou-se a interdisciplinaridade do direito empresarial com os distintos ramos que compõem o direito público, verificando-se a relevância da conectividade entre as disciplinas.

Conexão direito privado e direito público

As segregações entre o direito público e privado estruturam um viés acadêmico e, não obstante toda a importância científica no que se refere ao aprofundamento de um ou outro segmento, o fato é que o direito, no sentido de ser um conjunto de normas, é uno e indivisível, e isso implica sua operacionalidade do dia a dia, mediante uma conexão intensa entre seus ramos.

Nesse cenário de conexão jurídica, dispomos da parceria público-privada, hoje consubstanciada na Lei nº 11.079/2004 que, inspirada na fórmula inglesa das *private finance initiative* (PFI), regulamenta o modelo até então inexistente no país.

Pela leitura da lei, a parceria público-privada (PPP) é um contrato administrativo de concessão, na modalidade patrocinada ou administrativa. Em que pese à objetividade do conceito, percebe-se pela interpretação sistêmica do texto legal que são contratos firmados entre os setores público e privado, nos quais este, mediante pagamento, presta determinado serviço àquele ente federativo.

É uma forma de provisão de infraestruturas e serviços públicos em que o parceiro privado é responsável pela elaboração do projeto, financiamento, construção e operação de ativos que posteriormente são transferidos ao Estado. O setor público torna-se parceiro na medida em que ele é comprador, no todo ou em parte, do serviço disponibilizado. O controle do contrato passa a se dar por meio de indicadores relacionados ao desempenho na prestação do serviço e não mais ao controle físico-financeiro de obra.

No Brasil, as parcerias podem ocorrer de duas formas: administrativa ou patrocinada. Na primeira, temos os subsídios derivados exclusivamente; já na PPP patrocinada, os recursos decorrem parte do poder público e outra dos usuários do serviço.

Patricia Goes Bakaj e Ana Lucia Paiva Dezolt (2017), especialistas em gestão fiscal, no seu artigo intitulado "Alicerces sólidos são necessários para construir parcerias público-privadas exitosas", apresentaram um exemplo de PPP da América Latina. Trata-se da formação, na cidade do Rio de Janeiro, de um consórcio, integrado pela Odebrecht, Carioca Engenharia e a OAS, que deu origem à Concessionária Porto Novo S/A, para implantação do projeto

Porto Maravilha. Para coordenar todos os aspectos da Operação Urbana Consorciada do Porto do RJ (OUCPRJ), o município do Rio criou a Companhia de Desenvolvimento Urbano da Região do Porto S/A (CDURP) e, fazendo uso de instrumentos previstos na Lei nº 10.257/2001 (Estatuto das Cidades), criou também a Área de Especial Interesse Urbano (AEIU) do Porto e levou a leilão cerca de 6 milhões de CePACs (certificados de potencial adicional construtivo) por meio dos quais foram captados os recursos necessários para o financiamento de todas as intervenções urbanísticas. O vencedor do leilão foi a Caixa Econômica Federal, que, por meio de recursos do FGTS (Fundo de Garantia do Tempo de Serviço), arrematou todos os títulos.

Percebe-se que a relação entre os dois mundos – público e privado – transbordou a esfera acadêmico-científica e invadiu o campo jurídico das normas e dos contratos elaborados para a formalização desse enlace. Nesse sentido, tanto advogados quanto gestores atuantes nesse segmento necessitam de uma formação especializada em prol de documentos precisos fundados em métricas para avaliar desempenho e cumprimento de metas, atribuição de riscos, regras claras, prazos e multas, com o objetivo de atrair e fornecer segurança à iniciativa privada.

* * *

Neste capítulo, tratamos da evolução e do desdobramento das fases do direito empresarial, sua interdisciplinaridade com os demais segmentos jurídicos e a conexão operacional que estruturará, a seguir, os pilares jurídicos da constituição de uma empresa no Brasil, como se verá no próximo capítulo.

2
Estrutura jurídica da empresa

Este capítulo versa sobre a estrutura jurídica da empresa, apresentando o empresário individual, a Eireli (empresa individual de responsabilidade limitada), a composição societária e suas obrigações jurídicas no mercado.

Conceito jurídico de empresário individual e sua atuação no cenário empresarial

O direito brasileiro optou por seguir o contexto conceitual subjetivo. O Código Civil, no seu art. 966, determina: "considera-se empresário quem exerce profissionalmente atividade econômica organizada para a produção ou a circulação de bens ou de serviços".

É bem verdade que a atuação empresarial pode se dar por meio do empresário individual, aquele que optou por não ter sócio, ou então por meio da constituição de uma sociedade. Nos dois casos, são características para o exercício da atividade empresarial:

- profissionalmente: o empresário deve exercer sua atividade de forma habitual, não esporádica;
- atividade econômica: o empresário exerce uma atividade, que é a própria empresa com a finalidade lucrativa;

- organizada: há utilização de fatores de produção, todos direcionados para a vida da empresa, como a contratação de mão de obra, a utilização de maquinários, a inclusão de tecnologia para aumento de produção, injeção de capital, entre outros;
- produção: a fabricação de mercadorias ou a prestação de serviços;
- circulação: a intermediação de mercadorias ou de serviços.

A pessoa natural que opta por abrir seu próprio negócio individualmente, sem a constituição de sociedade com amigos ou conhecidos, é hoje chamada de empresário individual. Até pouco tempo, mais precisamente até o advento do novo Código Civil, sob a orientação da teoria dos atos de comércio, seu conceito técnico-jurídico era de comerciante. Isso significava que, para nós, as leis e normas aplicáveis à pratica mercantil eram exclusivas de quem realizava atos de intermediação das mercadorias com habitualidade, finalidade de lucro e em nome próprio, ficando ausentes do conceito as atividades oriundas da cadeia de produção, bem como as de prestação de serviço.

O implemento da teoria da empresa afasta a anterior, dando maior amplitude ao conceito de empresário. Hoje, independentemente de a atividade ser de produção, circulação de bens ou de serviços, o que importa é que a atividade-fim tenha se concretizado por meio de uma atividade economicamente organizada.

Atividades excluídas da atividade empresarial

Cumpre sinalizar que alguns profissionais, no entanto, permaneceram excluídos da nova conceituação de empresário. Pela leitura do parágrafo único do art. 966 do Código Civil, conclui-se que as atividades intelectuais, as de natureza científica, artística e literária, quando prestadas com teor de pessoalidade pelo seu titular, são atividades disciplinadas pelas normas do direito civil.

Quando, porém, imperar a impessoalidade (a possibilidade de afastamento do profissional para a realização da atividade-fim), teremos as então atividades intelectuais, científicas, artísticas, literárias sendo também enquadradas em práticas empresariais. Dessa forma, estabelece a lei a seguinte redação:

> Art. 966. [...]
> Parágrafo único. Não se considera empresário quem exerce profissão intelectual, de natureza científica, literária ou artística, ainda com o concurso de auxiliares ou colaboradores, salvo se o exercício da profissão constituir elemento de empresa.

Pressupostos para o regular exercício da atividade empresarial

Os pressupostos para o regular exercício da atividade empresarial estão estabelecidos no art. 972 do Código Civil, que determina:

> Art. 972. Podem exercer a atividade de empresário os que estiverem em pleno gozo da capacidade civil e não forem legalmente impedidos.

Dessa forma, a lei estabelece dois pressupostos de regularidade da atividade empresarial de um empresário individual:

1. o pleno gozo da capacidade civil;
2. nenhum impedimento legal.

Capacidade civil

A capacidade civil é um instituto do direito civil que estabelece a condição legal para a pessoa exercer atividade da vida civil e empresarial de forma autônoma. O critério adotado pelo sistema jurídico brasileiro para conferir a capacidade civil plena às pessoas naturais foi o parâmetro biológico; com isso, todos se tornam capazes civilmente de comprar uma casa ou vender um automóvel, sem a assistência dos pais, a partir dos 18 anos.

É bem verdade que a regra da capacidade apresenta exceções, concentradas naqueles que, não obstante a maioridade, não possuem discernimento para os atos do dia a dia, por exemplo, aqueles que são interditados pelos familiares.

Outra questão fica por conta de algumas pessoas que, pelo instrumento da emancipação, se tornam capazes antes dos 18 anos. Nesses casos, a lei civil exige que elas tenham no mínimo 16 anos completos e se enquadrem nas hipóteses estabelecidas na legislação para que sejam emancipadas.

As situações que levam à emancipação estão previamente enumeradas pelo legislador no parágrafo único do art. 5º do Código Civil e, entre outras hipóteses, temos a concessão, pelos pais, tutor ou juiz; o casamento e o exercício de atividade empresarial com economia própria.

Incapaz e o exercício da atividade empresarial

O menor – aquele que, em princípio, não adquiriu a capacidade civil plena – não poderá exercer regularmente a atividade de empresário individual (não confundir com a figura de sócio). Existem duas exceções: emancipação e empresa deixada como objeto de herança para o menor.

Na emancipação, como examinado anteriormente, o menor com 16 anos completos pode adquirir a capacidade civil plena nas hipóteses previstas na lei civil. Determina o Código Civil, em seu art. 5º, parágrafo único, o seguinte:

> Art. 5º. A menoridade cessa aos dezoito anos completos, quando a pessoa fica habilitada à prática de todos os atos da vida civil.
> Parágrafo único: Cessará, para os menores, a incapacidade:
> I - pela concessão dos pais, ou de um deles na falta do outro, mediante instrumento público, independentemente de homologação judicial, ou por sentença do juiz, ouvido o tutor, se o menor tiver dezesseis anos completos;
> II - pelo casamento;
> III - pelo exercício de emprego público efetivo;
> IV - pela colação de grau em curso de ensino superior;
> V - pelo estabelecimento civil ou comercial, ou pela existência de relação de emprego, desde que, em função deles, o menor com dezesseis anos completos tenha economia própria.

A relação apresentada pela lei é taxativa, ou seja, não pode ser ampliada. Somente essas situações enumeradas pela lei civil conduzem à capacidade civil plena do menor de idade.

Continuação da atividade empresarial pelo incapaz

A leitura do art. 972 do Código Civil deve ser interpretada de forma sistêmica em relação ao art. 974 do mesmo diploma. Isso porque, quando o legislador menciona a necessidade da capacidade civil ao empresário, a indicação é que seja no sentido de iniciar tal atividade. De fato, nessa ordem, o incapaz, justamente por falta do item da capacidade civil, por ausência da autonomia civil e discernimento nos atos negociais ficaria extremamente vulnerável nas relações negociais da empresa, pondo em risco, além de seu patrimônio pessoal, a própria segurança jurídica do negócio em si.

No entanto, quando o art. 974 do CC estabelece que o incapaz pode "continuar a empresa", a terminologia adotada nos leva a crer se tratar de outra situação, visto que, nesse caso, a empresa já foi constituída e será transferida ao incapaz por sucessão. O mesmo se aplica à incapacidade superveniente do empresário, situação em que os representantes poderão continuar com a atividade empresarial.

Nessas hipóteses, o Código Civil, no seu art. 974, estabelece que o juiz possa autorizar a continuidade da empresa nomeando um representante legal para o exercício da atividade do dia a dia da atividade empresarial. É o que vem sendo classificado de empresa acéfala, ou seja, seu titular (menor de idade ou interditado) não apresenta capacidade civil para assumir os atos e obrigações da empresa e, por isso, até que a situação se restabeleça (pela emancipação nos termos da lei ou pela revogação da sentença de interdição), a atividade empresarial será exercida pelo representante legal, não impedido por lei e estabelecido pelo Estado.

Incapaz como sócio de uma sociedade

A Lei nº 12.399/2011 acrescentou o § 3º ao art. 974 do Código Civil, disciplinando legalmente a possibilidade de o incapaz ser sócio de uma sociedade, desde que esteja representado legalmente, o capital social da sociedade esteja totalmente integralizado e o incapaz não seja designado como administrador. A disposição, nesse sentido, já era entendida nos tribunais; no entanto, com a previsão legal nessa ordem, a operacionalidade do incapaz como sócio se respalda numa segurança jurídica de lei.

Impedimento legal

O impedimento legal não se prende à idade do agente, mas a alguma condição na qual ele se enquadra e em decorrência da qual, naquele momento, a lei o impede de exercer atividade empresarial. Isso nos leva a verificar que o impedimento é sempre determinado pela lei. Quando, porém, aquela condição é desfeita, cessa o impedimento e o agente se torna hábil a exercer a atividade empresarial. Assim, um servidor público está impedido de exercer atividade empresarial individual (não confundir com a figura do sócio). Quando, no entanto, houver a quebra do vínculo com a administração pública por meio da aposentadoria, nada o impede de ser um empresário individual.

Examinemos outros exemplos de impedimentos:

- militares da ativa das três Forças Armadas e das polícias militares;
- servidores públicos civis (União, estados, territórios e municípios);
- magistrados;
- médicos, para o exercício simultâneo da medicina e farmácia, drogaria ou laboratório;
- estrangeiros não residentes no país;
- cônsules, salvo os não remunerados;
- corretores e leiloeiros;
- falidos, enquanto não reabilitados.

É importante mencionar que a proibição se limita ao exercício individual do comércio, não se estendendo à participação em sociedade como acionista, quotista ou comanditário.

Sociedade entre marido e mulher: impedimento relativo

Quanto à sociedade, no entanto, temos um impedimento que chamamos de relativo. Trata-se das sociedades entre cônjuges. Isso porque a lei civil, no seu art. 977, determina que marido e mulher podem contratar sociedade entre si desde que o regime de casamento não seja o da comunhão total (todos os bens se comunicam, tanto os adquiridos antes quanto depois do casamento) ou da separação de bens obrigatória (não há comunicação de bens entre os cônjuges, quer tenham sido adquiridos antes ou posteriormente ao casamento).

Neste último regime, verifica-se que a separação de bens é obrigatória. Isso significa que não foi escolha do casal o regime de separação de bens e sim uma imposição da lei. Existem várias situações em que a lei civil determina que o regime de bens do casal deva ser o da separação, como ocorre no caso da idade de um dos cônjuges ser superior a 70 anos (art. 1.641 do Código Civil).

O impedimento legal do art. 977 do Código Civil para os casais casados em regime de comunhão total (ou universal) e de separação de bens obrigatória produzirá efeito *ex nunc*. Significa dizer que o impedimento somente será aplicado às sociedades marido e mulher após a vigência do Código Civil. Em outras palavras, as sociedades entre marido e mulher constituídas antes de 2003 (data da vigência do Código Civil) não apresentam nenhum impedimento legal, independentemente do regime de bens adotado pelo casal.

Violação ao impedimento legal para o exercício da atividade empresarial

O art. 973 do Código Civil determina que aquele que exercer atividade empresarial, violando o impedimento legal para tal, responderá pelas obrigações contraídas: "A pessoa legalmente impedida de exercer atividade própria de empresário, se a exercer, responderá pelas obrigações contraídas".

Observa-se que a lei o equipara ao empresário apenas no contexto das obrigações e deveres. A proposta do legislador é proteger o terceiro de boa-fé que desconheça o impedimento legal. Com isso, o impedido deverá honrar as obrigações assumidas, não podendo se prevalecer dos direitos inerentes ao empresário regular.

Pode-se trazer aqui, a título de exemplo, a aplicação da Lei nº 11.101/2005, que trata dos institutos da recuperação judicial, extrajudicial e da falência da empresa, aplicados exclusivamente a empresário ou sociedade empresária.

Os dois primeiros são procedimentos benéficos ao empresário, já que tratam da possibilidade do reerguimento da sua empresa, que passa por crise econômico-financeira; já a falência é um processo agressivo de execução dos bens do empresário devedor que concentra todos os seus credores em uma única ação e que, de benéfico, não tem nada.

Sendo assim, aquele impedido legalmente de exercer a atividade empresarial, se assim o fizer, ficará submetido a uma possível ação de falência se porventura não cumprir as obrigações decorrentes da sua atividade, pois deverá honrá-las. Por outro lado, nunca poderá se valer dos pedidos de recuperação judicial ou extrajudicial, destinados aos empresários que exercem regularmente a atividade empresarial.

Empresa individual de responsabilidade limitada (Eireli)

A Eireli é uma nova forma de pessoa jurídica composta por uma só pessoa que poderá ser física ou jurídica. Nas palavras de Diniz (2002:206), pode-se conceituar pessoa jurídica como "a unidade de pessoas naturais ou de patrimônios, que visa à consecução de certos fins, reconhecida pela ordem jurídica como sujeito de direitos e obrigações".

Como dito, a Eireli é uma pessoa jurídica formada por uma única pessoa natural ou jurídica. Antes da Eireli, se "José", pessoa física, quisesse abrir uma loja para vender vestuário, ele teria duas opções:

1. explorar essa atividade econômica como empresário individual;
2. encontrar outro indivíduo para ser seu sócio e constituir uma sociedade empresária.

A desvantagem de explorar como empresário individual era o fato de que "José" responderia com seus bens pessoais e de forma ilimitada por todas as dívidas que contraísse na atividade econômica. Tal situação fazia com que muitas pessoas arranjassem um "laranja" para figurar como sócio em uma sociedade limitada, normalmente com capital social de 1%. Obviamente, tal realidade não era simples nem correta, servindo como desestímulo à livre-iniciativa.

Com a nova previsão legal, "José" poderá, sozinho, constituir uma Eireli para desempenhar sua atividade empresarial, com a vantagem de que, na Eireli, a responsabilidade de "José" pelas dívidas será limitada ao valor do capital social.

Como mencionado, a vantagem da Eireli é o fato de que o empreendedor não mais responderá ilimitadamente pelas dívidas contraídas no exercício da atividade econômica, mas responderá de forma limitada ao valor do capital social, que já estará obrigatoriamente integralizado.

A figura do empresário individual perante a Lei nº 12.441/2011

Persiste a possibilidade de a pessoa exercer a atividade econômica como empresário individual. No entanto, apesar de existir na teoria, a figura do empresário individual é cada vez mais rara, considerando que é muito mais segura a constituição de uma Eireli.

O empresário individual continuará existindo nos casos em que o empreendedor não tenha recursos para integralizar capital social igual ou superior a 100 salários mínimos para a constituição da Eireli, tendo em vista que este é um dos requisitos, conforme se verificará mais adiante.

Empresa como titular de direitos

Antes da Lei nº 12.441/2011, a doutrina explicava que a "empresa" não era sujeito de direitos, sendo apenas uma atividade econômica organizada. O sujeito de direitos era o empresário, ou seja, a pessoa que exerce a atividade econômica organizada. Com a nova previsão, o legislador transformou a Eireli em pessoa jurídica, ou seja, titular de direitos. A empresa individual é pessoa jurídica de direito privado, prevista no art. 44 do CC.

Seria tecnicamente mais correto que o legislador tivesse optado por criar a figura da "sociedade unipessoal" ou então do "empresário individual de responsabilidade limitada", com patrimônio de afetação destinado ao exercício da atividade e que não se confundiria com seu patrimônio pessoal.

Natureza jurídica

Observa-se controvérsia:

- *Primeira corrente* – A Eireli seria uma nova espécie de sociedade. Baseia-se no fato de que o art. 980-A do CC e seus parágrafos, incluídos pela Lei nº 12.441/2011, falam em "capital social", "denominação social" e "patrimônio social", expressões ligadas às sociedades.

- *Segunda corrente* – A Eireli não é uma sociedade, mas sim um novo ente jurídico personificado, ou seja, uma nova pessoa jurídica. São três formas de se exercer a atividade empresarial: empresário individual (com responsabilidade ilimitada), sociedade empresária e Eireli. Trata-se da posição adotada no Enunciado nº 468 da V Jornada de Direito Civil do Conselho da Justiça Federal (CJF).

É importante destacar que essa é a corrente que tem prevalecido, até mesmo porque representa o texto expresso no Código Civil, alterado pela Lei nº 12.441/2011:

> Art. 44. São pessoas jurídicas de direito privado:
> [...]
> VI - as empresas individuais de responsabilidade limitada.

Se fosse intenção do legislador considerar a Eireli uma sociedade, não haveria necessidade de incluir o inciso VI no art. 44 do CC, tendo em vista que as sociedades já estão previstas no inciso II do mesmo artigo.

Nome empresarial

O nome empresarial deverá ser formado pela inclusão da expressão "Eireli " após a firma ou a denominação social da empresa individual de responsabilidade limitada. O titular poderá optar por firma ou denominação.

Quando adotar firma, esta será formada com seu próprio nome, que deverá figurar de maneira completa, podendo ser abreviados os prenomes. Poderá aditar, se quiser ou quando já existir nome empresarial idêntico, designação mais precisa de sua pessoa ou de sua atividade. Por exemplo: "José da Silva Siqueira Eireli" ou "José da Silva Siqueira Comércio de Roupas Infantis Eireli".

Quando adotar denominação, esta deve designar o objeto da empresa, de modo específico, não se admitindo expressões genéricas isoladas, como comércio, indústria, serviços. Havendo mais de uma atividade, poderá ser escolhida uma ou mais entre elas. A denominação poderá conter o nome do titular da Eireli. Por exemplo: "Moda Bonita Comércio de Roupas Infantis Eireli" ou "José Siqueira Moda Bonita Comércio de Roupas Infantis Eireli".

Requisitos para a constituição da Eireli

Os requisitos para a constituição da Eireli são os seguintes:

- uma única pessoa natural, que é o titular da totalidade do capital social;
- o capital social deve estar devidamente integralizado;
- o capital social não pode ser inferior a 100 (cem) vezes o salário-mínimo;
- a pessoa natural que constituir Eireli somente poderá figurar em uma empresa dessa modalidade. Assim, para evitar fraudes, ninguém pode ser titular de duas empresas individuais de responsabilidade limitada.

Pessoa jurídica como titular da Eireli

Segundo o art. 980 do Código Civil: "A empresa individual de responsabilidade limitada será constituída por uma única pessoa titular da totalidade do capital social".

Então, a Eireli pode ser constituída por uma pessoa jurídica?

Por meio da Instrução Normativa nº 38, de 2 de março de 2017, do Departamento de Registro Empresarial e Integração (Drei), foi alterado o Manual de Registro da Eireli, passando a dispor que esta poderá ser constituída tanto por pessoa natural quanto por pessoa jurídica, nacional ou estrangeira.

Foi assim alterado o posicionamento firmado pelo extinto Departamento Nacional de Registro do Comércio (DNRC) e anteriormente reiterado pelo próprio Drei, finalizando a polêmica estabelecida. Prevaleceu, então, o fundamento constitucional previsto no art. 5º, II, da Carta Magna, de que "ninguém será obrigado a fazer ou deixar de fazer alguma coisa senão em virtude de lei".

Atividades que podem ser exercidas pela Eireli

A lei não é clara, mas a maioria da doutrina tem defendido que a Eireli também pode ser constituída para desempenhar atividades civis, ou seja, não empresariais. Assim, por exemplo, um médico, um dentista, um advogado, um contador e outros profissionais não empresários poderão constituir uma Eireli para exercer suas atividades, com a vantagem de terem menos riscos de perder seu patrimônio pessoal por conta de dívidas da profissão.

Eireli para receber remuneração de direitos autorais

> Poderá ser atribuída à empresa individual de responsabilidade limitada constituída para a prestação de serviços de qualquer natureza a remuneração decorrente da cessão de direitos patrimoniais de autor ou de imagem, nome, marca ou voz de que seja detentor o titular da pessoa jurídica, vinculados à atividade profissional [§ 5º do art. 980-A do CC].

Esse dispositivo poderá ser utilizado como forma de planejamento tributário. Isso porque os detentores de direitos autorais normalmente recebem suas remunerações como pessoas físicas, com uma tributação mais elevada do que sofreriam caso recebessem como pessoa jurídica.

É importante mencionar o Enunciado nº 472 da V Jornada de Direito Civil, o qual informa que a imagem, o nome ou a voz não podem ser utilizados para a integralização do capital da Eireli, em interpretação do art. 980-A, § 5º A acima transcrito.

O registro da Eireli

O órgão de registro irá variar de acordo com o tipo de atividade desempenhada:

- se a Eireli for constituída para desempenhar atividades empresariais – será registrada na Junta Comercial;
- se for constituída para exercer atividades civis – será registrada no Registro Civil de Pessoas Jurídicas (RCPJ).

Vale ressaltar que esse foi o entendimento adotado administrativamente pela Receita Federal (Nota Cosit nº 446, de 16 de dezembro de 2011).

Segundo o Enunciado nº 470 da V Jornada de Direito Civil do (CJF):

> Os atos constitutivos da Eireli devem ser arquivados no registro competente, para fins de aquisição de personalidade jurídica. A falta de arquivamento ou de registro de alterações dos atos constitutivos configura irregularidade superveniente.

Administração da Eireli

A administração da Eireli será exercida por uma ou mais pessoas designadas no ato constitutivo. A Eireli poderá ser administrada pelo titular e/ou por não titular. O administrador não titular considerar-se-á investido no cargo mediante aposição de sua assinatura no ato constitutivo em que foi nomeado. A pessoa jurídica não pode ser administradora da Eireli. É possível que a Eireli tenha administrador estrangeiro, que deverá, contudo, ter visto permanente e não estar enquadrado em caso de impedimento para o exercício da administração.

Capital social da Eireli

Alguns apontamentos sobre o capital social da Eireli:

- por ser detido por apenas um titular, o capital da Eireli não precisa ser dividido em quotas;
- a constituição da Eireli exige capital mínimo igual ou superior a 100 vezes o valor do salário mínimo;
- o capital da Eireli deve estar inteiramente integralizado na constituição, ou em aumentos futuros;
- o Departamento de Registro Empresarial e Integração (Drei) permite que sejam utilizados para integralização de capital quaisquer bens, desde que suscetíveis de avaliação em dinheiro.

Ocorre que, segundo o Enunciado nº 472 da V Jornada de Direito Civil, a "imagem, o nome ou a voz não podem ser utilizados para a integralização do capital da Eireli". Ademais, é vedada a contribuição ao capital que consista em prestação de serviços.

O *caput* do art. 980-A do CC estabelece que o capital social da Eireli não será inferior a 100 vezes o maior salário mínimo vigente no país.

Ocorre que alguns estados da federação estabelecem, com base na Lei Complementar nº 103/2000, pisos salariais estaduais para os empregados que não tenham piso salarial definido em lei federal, convenção ou acordo coletivo de trabalho, com valores superiores ao salário mínimo. Então, as juntas comerciais deverão observar esses valores estaduais ou o salário mínimo nacional? Deverá ser observado o salário mínimo nacional. O art. 7º, IV, da Constituição Federal estabelece que o salário mínimo será fixado em lei e nacionalmente unificado. Desse modo, tais pisos salariais estaduais são obrigatórios apenas para determinados empregados que não tenham piso salarial definido em lei federal. Houve, portanto, um equívoco legislativo ao mencionar "o maior salário mínimo vigente no país", considerando que o salário mínimo no país é nacionalmente unificado.

Alteração da sociedade para Eireli pelo fim da pluralidade de sócios

Um dos requisitos de constituição e existência das sociedades é que haja pluralidade de sócios (duas ou mais pessoas), sendo a única exceção a essa regra a sociedade subsidiária integral.

O que acontece quando uma sociedade passa a ter apenas um sócio? Por exemplo, a Sociedade Limitada X possuía, como sócios, José e João. João morre. O que acontecerá com essa sociedade?

A sociedade terá de, no prazo de 180 dias, optar por uma das seguintes medidas:

- acrescentar outro sócio, voltando à pluralidade acionária;

- transformar o registro da sociedade para empresário individual;
- transformar o registro da sociedade para Eireli.

Se não tomar nenhuma dessas providências no prazo de 180 dias, a sociedade será dissolvida. Nesse sentido é a nova redação do Código Civil:

Art. 980-A. [...]
§ 3º. A empresa individual de responsabilidade limitada também poderá resultar da concentração das quotas de outra modalidade societária num único sócio, independentemente das razões que motivaram tal concentração.
[...]
Art. 1.033. Dissolve-se a sociedade quando ocorrer: [...]
IV – a falta de pluralidade de sócios, não reconstituída no prazo de cento e oitenta dias;
[...]
Parágrafo único: Não se aplica o disposto no inciso IV caso o sócio remanescente, inclusive na hipótese de concentração de todas as cotas da sociedade sob sua titularidade, requeira, no Registro Público de Empresas Mercantis, a transformação do registro da sociedade para empresário individual ou para empresa individual de responsabilidade limitada, observado, no que couber, o disposto nos arts. 1.113 a 1.115 deste Código.

Podemos, assim, afirmar que:

- a responsabilidade da Eireli é limitada;
- as dívidas da Eireli atingem apenas o patrimônio da Eireli, que é aquele representado pelo capital social obrigatoriamente integralizado;

- as situações de desconsideração da personalidade jurídica, seja segundo a teoria maior (art. 50 do CC), seja de acordo com a teoria menor (direito do consumidor, ambiental, trabalhista etc.) aplicam-se à Eireli, de forma que, em tais casos, será possível avançar sobre o patrimônio pessoal da pessoa física que a instituiu.

Ademais, aplicam-se à Eireli, no que couberem, as regras previstas para as sociedades limitadas (§ 6º do art. 980-A do CC).

O advogado Marco Aurélio de Carvalho (2017), sócio fundador da CM Advogados, em artigo publicado no jornal *Diário do Grande ABC* em 17 de agosto de 2017, sob o título "O Drei e a Eireli", nos apresenta a modificação do entendimento do Drei na IN nº 38/2017, que passou a permitir que pessoas jurídicas nacionais e estrangeiras constituam Eireli, promovendo possibilidades na readequação societária das sociedades empresárias e também de investimentos externos.

Sociedade

Conceito e características

Sociedade é uma pessoa jurídica do direito privado que atende aos interesses de seus membros, atuando com objetivo de lucro e que exerça atividade economicamente organizada.

O conceito trata de um perfil doutrinário para designar as sociedades empresárias, haja vista outras pessoas jurídicas atuarem no contexto jurídico.

A grande relevância no estudo do direito societário é a personificação da sociedade que, em vez dos sócios, atua nas relações jurídicas negociais. Isso faz com que a própria sociedade assuma e honre as obrigações decorrentes da atividade empresarial.

O momento da personificação se dá com o registro, como estabelece o art. 985 do Código Civil: "A sociedade adquire personalidade jurídica com a inscrição, no registro próprio e na forma da lei, dos seus atos constitutivos".

Em um cenário de incerteza do mercado, optar por constituir uma sociedade representa, dentro das práticas legais, uma proteção ao patrimônio pessoal dos sócios, que respondem de forma subsidiária.

Entende-se como responsabilidade subsidiária aquela que é atingida após o esgotamento dos bens da sociedade, donde se conclui que, sendo a sociedade saudável financeiramente, honrando os pactos assumidos na atividade empresarial, os sócios terão seus respectivos patrimônios resguardados.

Após o registro no órgão competente, a sociedade adquire personalidade e, a partir desse momento, se distancia e se diferencia dos sócios que integram seu quadro social, ganhando vida própria. Nesse sentido, a sociedade poderá ser autora ou ré em uma ação judicial, pois possui legitimidade processual independente de seus sócios. Da mesma forma, caberá a ela ser a titular dos negócios, assinando os contratos e demais obrigações por meio de seus representantes. Neste cenário, possuirá autonomia patrimonial, domicílio e nacionalidade distintos dos seus sócios.

Formação do capital social

Consiste na contribuição dos sócios para a formação de um contingente pecuniário pertencente à pessoa jurídica. Esta contribuição pode ocorrer em espécie, bens ou créditos. Nos dois últimos casos, a responsabilidade por eventuais vícios redibitórios, evicção ou não satisfação do crédito, recai sobre o sócio que apresentou o respectivo bem ou crédito como forma de realização do capital social.

Excepcionalmente, temos a contribuição em forma de serviços, caso único previsto no Código Civil, quando o legislador dispõe a respeito das sociedades simples.

Desconsideração da personalidade jurídica

A teoria da desconsideração da personalidade jurídica será aplicada todas as vezes em que os sócios atuarem de forma fraudulenta em detrimento dos credores.

A prática de alguns sócios maquiarem suas condutas ilícitas utilizando-se da pessoa jurídica é possível, uma vez que a sociedade, mesmo ao ser enquadrada como uma pessoa, não possui cérebro e nem comando dos seus atos; sua personificação consiste numa abstração do direito, daí a facilidade de manipulação pelos sócios.

Uma vez detectada a fraude aos credores, com provas que instruam essa prática, a teoria aplicada consiste em desconsiderar a pessoa jurídica para atingir o patrimônio dos sócios envolvidos na fraude, preservando-se o princípio maior na relação jurídica, que é o princípio da boa-fé, e garantindo os direitos dos credores.

Contrato social como instrumento jurídico da empresa

O contrato social é o ato constitutivo das sociedades tratadas pelo Código Civil, em especial, da sociedade limitada que é o tipo societário com mais penetração no contexto econômico. Ele deverá ser encaminhado às juntas comerciais, presentes em todos os estados da Federação, contendo dados importantes, como sede da sociedade, qualificação dos sócios, nível de responsabilidade dos mesmos frente a terceiros, entre outros, a fim de que a sociedade adquira personalidade jurídica. O contrato social deverá conter elementos comuns a todos os contratos e elementos específicos, próprios do contrato de sociedade.

Elementos comuns

São elementos comuns a qualquer ato jurídico: capacidade, objeto lícito e forma prescrita ou não defesa em lei.

Quanto ao quesito capacidade, é importante sinalizar a possibilidade de o menor integrar uma sociedade desde que as seguintes condições sejam respeitadas: a sociedade escolhida deve acarretar responsabilidade limitada para os sócios, o capital social deve estar totalmente integralizado e o menor não poderá assumir atos de administração da sociedade. As mesmas condições são aplicadas para o servidor público que integre uma sociedade na qualidade de sócio.

Como tratado anteriormente, é possível a sociedade entre marido e mulher, desde que não sejam casados sob o regime de comunhão universal ou de separação obrigatória de bens.

Elementos específicos

Os elementos específicos tratam de questões próprias do direito societário, daí serem "específicos". São eles: pluralidade dos sócios, participação nos resultados, *affectio societatis* e capital social.

- a) Pluralidade de sócios – O mínimo de integrantes para se constituir uma sociedade no Brasil é dois sócios. Em regra, não há exigência de que sejam pessoas naturais ou jurídicas, salvo as exceções das sociedades em nome coletivo e as subsidiárias integrais. Dessa forma, tal requisito afasta a possibilidade de a sociedade unipessoal no Brasil ser uma regra. Na realidade, a sociedade com um único sócio é admitida na sua constituição apenas na modalidade subsidiária integral. Quando a unipessoalidade ocorrer após a constituição da sociedade, como no caso de morte de um dos dois únicos sócios, a lei concede um prazo de 180 dias para a reposição da pluralidade, sob pena de abertura de dissolução da sociedade. A mesma regra se aplica às sociedades anônimas, sendo que para elas o prazo aumenta para um ano a contar da unipessoalidade superveniente.

b) Participação nos resultados – Todos os sócios devem participar dos resultados, quer de ordem positiva, quer negativa, na proporção de sua participação na sociedade. Antes do Código Civil de 2002, admitia-se que os sócios dispusessem de forma contrária, ou seja, era permitido que um deles ficasse com os lucros e o outro sócio com as perdas. Eram as conhecidas sociedades leoninas. O princípio que norteava tal liberalidade era o da liberdade de contratar. Hoje, o Código Civil, no art. 1.008, estabelece a nulidade da cláusula que não fizer previsão proporcional entre perdas e lucros.

c) *Affectio societatis* – Consistindo na afeição de se associar estabelecida entre os sócios, esse requisito é próprio das sociedades de pessoas, em que a pessoalidade entre os sócios pode impedir que um estranho ingresse na sociedade posteriormente à sua formação inicial. Nas sociedades de capitais, sua presença é quase imperceptível, uma vez que o que nelas impera é a circulação de riquezas. As sociedades anônimas são exemplos de sociedades de capitais.

d) Capital social – Elemento específico indispensável para a formação da sociedade. A finalidade do capital social é oferecer garantia aos credores. Na realidade, apesar de integrar o patrimônio da empresa em conjunto com outros bens, o capital social não se confunde com ele. Isso ocorre porque o capital social é estático, enquanto o patrimônio é dinâmico.

São três os princípios que regem o capital social: intangibilidade, veracidade e unicidade. No primeiro deles, o capital social mostra-se intangível, ou seja, não é um capital para ser utilizado como capital de giro. A veracidade determina que deve haver uma transparência entre o montante declarado no contrato social e o valor real existente do capital social. O último princípio norteia que cada sociedade apresenta um único capital social, que poderá ser modificado sem que isso contrarie o princípio da intangibilidade. Com efeito, a alteração só ocorre por provocação dos sócios e assembleia anterior. A modificação poderá ser para aumento ou redução do capital social. Neste último caso, é necessária a notificação dos credores quirografários para que possam se manifestar a respeito. A notificação é necessária porque, sendo o capital social uma garantia para os credores, devem eles tomar ciência de que tal garantia está sendo reduzida. A resistência de alguns deles (ou todos) não inviabiliza o procedimento de redução do capital, porém requer o pagamento dos credores contrários à diminuição ou, então, ao depósito do respectivo valor em juízo. A não notificação aos credores acarreta a possibilidade de pedido de falência (Lei nº 11.101/2005).

Obrigações para o regular exercício da atividade empresarial

São as obrigações dos empresários e sociedades empresárias, em níveis federal, estadual e municipal. O empresário deve: registrar-se na Junta Comercial, manter escrituração regular de seus negócios e levantar demonstrações contábeis periódicas.

Registro de empresa

O registro de empresas é regulado pela Lei nº 8.934/1994, que determina, em seu art. 3º, que "os serviços do Registro Público de Empresas Mercantis e Atividades Afins serão exercidos, em todo o território nacional, de maneira uniforme, harmônica e interdependente, pelo Sistema Nacional de Registro de Empresas Mercantis (Sinrem)", composto pelo Departamento de Registro Empresarial e Integração (Drei) e pelas juntas comerciais.

O Drei integra o Ministério do Desenvolvimento, Indústria e Comércio Exterior e sua finalidade consiste em supervisionar, orientar, normatizar, coordenar e fixar diretrizes básicas para a prática de atos registrários a cargo da Junta Comercial.

Já a Junta Comercial é o órgão oficial encarregado da execução e administração dos serviços de registro. São atos do registro:

- matrícula e seu cancelamento – para o exercício das atividades de leiloeiros, tradutores públicos e intérpretes comerciais, trapicheiros e administradores de armazéns;
- arquivamento – refere-se à constituição, alteração, dissolução e extinção de sociedades empresárias, cooperativas, firmas individuais, atos relativos a consórcio e grupo de sociedade anônima, sociedades estrangeiras, microempresas e demais documentos de interesse do empresário ou da sociedade empresária;
- autenticação – relaciona-se aos instrumentos de escrituração, entre eles os livros contábeis, balanços, demonstrações financeiras etc.

Empresário de fato e sociedade em comum (sociedade irregular ou sociedade de fato)

Sociedade em comum, também conhecida como sociedade irregular ou sociedade de fato, é aquela que não inscreve seus atos constitutivos no registro competente. Assim, o empresário e a sociedade empresária, antes de iniciar suas atividades, deverão proceder ao registro na Junta Comercial, e a sociedade simples, no Cartório de Registro Civil de Pessoas Jurídicas (art. 1.150 do CC). A falta de registro implica sanções de natureza administrativa e judicial: a empresa não poderá ingressar com recuperação judicial ou pedir a falência de outra empresa, porém, por tratar-se de sociedade irregular, estará sujeita à falência.

Escrituração dos livros e contabilidade

O empresário e a sociedade empresária deverão adotar um sistema de contabilidade, mecanizado ou não, com base na escrituração uniforme de seus livros, de acordo com a documentação respectiva, devendo levantar anualmente o balanço patrimonial e o de resultado (art. 1.179 do CC).

Obrigatoriedade da escrituração

A empresa é constituída para praticar atos mercantis, financeiros, trabalhistas, fiscais, civis, mas de maneira documentada. Para um documento ser hábil, é necessário que seja: idôneo, devidamente preenchido e vinculado à atividade da empresa.

Podemos definir a escrituração como o ato de registrar as operações exercidas e comprovadas que ocorrem no decorrer de um período. A escrituração tem a função de relatar o passado, para que se tenha ideia do que se passará no futuro.

Para tal, deve-se manter um sistema de escrituração uniforme dos atos e fatos administrativos ocorridos na sociedade empresarial, por meio de processo manual, mecanizado ou eletrônico (Resolução nº 563, de 28 de outubro de 1983 do Conselho Federal de Contabilidade – CFC), de livre escolha do empresário, mas desde que cumpridas algumas formalidades básicas previstas nas legislações de regência e com base em documentos de origem externa ou interna, ou, na sua falta, em elementos que comprovem ou evidenciem fatos, atos e a prática de atos administrativos.

Pelo princípio contábil da entidade, é a partir da aquisição da personalidade jurídica que deve ter início a escrituração contábil da sociedade.

O número e a espécie de livros ficam a critério dos interessados, estando o pequeno empresário a que se refere o art. 970 do CC dispensado das exigências de escrituração contábil. Prescreve o referido artigo que a lei assegurará tratamento favorecido, diferenciado e simplificado ao empresário rural e ao pequeno empresário quanto à inscrição e aos efeitos daí decorrentes. Hoje, para a microempresa e empresa de pequeno porte, temos a aplicação de regras específicas para uma escrituração simplificada prevista na Lei Complementar nº 123/2006. O mesmo se estende ao empresário rural.

Livro diário

Além dos demais livros exigidos por lei, é indispensável o Diário, que pode ser substituído por fichas no caso de escrituração mecanizada ou eletrônica. A adoção de fichas não dispensa o uso de livro apropriado para o lançamento do balanço patrimonial e do de resultado econômico (art. 1.180 do CC). Ressalvada a obrigatoriedade do livro Diário, o número e a espécie de livros ficam a critério dos interessados.

Forma da escrituração

Como definido no Código Civil brasileiro:

> Art. 1.183. A escrituração será feita em idioma e moeda corrente nacionais e em forma contábil, por ordem cronológica de dia, mês e ano, sem intervalos em branco, nem entrelinhas, borrões, rasuras, emendas ou transportes para as margens [art. 1.183, *caput*, do CC].
> Parágrafo único. É permitido o uso de código de números ou de abreviaturas, que constem de livro próprio, regularmente autenticado.

O CC define ainda que:

> Art. 1.184. No Diário serão lançadas, com individuação, clareza e caracterização do documento respectivo, dia a dia, por escrita direta ou reprodução, todas as operações relativas ao exercício da empresa.
> § 1º. Admite-se a escrituração resumida do Diário, com totais que não excedam o período de trinta dias, relativamente a contas cujas operações sejam numerosas ou realizadas fora da sede do estabelecimento, desde que utilizados livros auxiliares regularmente autenticados, para registro individualizado, e conservados os documentos que permitam a sua perfeita verificação.
> § 2º. Serão lançados no Diário o balanço patrimonial e o de resultado econômico, devendo ambos ser assinados por técnico em Ciências Contábeis legalmente habilitado e pelo empresário ou sociedade empresária

Livro de balancetes diários e balanços

Como definido no CC:

Art. 1.185. O empresário ou sociedade empresária que adotar o sistema de fichas de lançamentos poderá substituir o livro Diário pelo livro Balancetes Diários e Balanços, observadas as mesmas formalidades extrínsecas exigidas para aquele.

Art. 1.186. O livro Balancetes Diários e Balanços será escriturado de modo que registre:

I - a posição diária de cada uma das contas ou títulos contábeis, pelo respectivo saldo, em forma de balancetes diários;

II - o balanço patrimonial e o de resultado econômico, no encerramento do exercício.

Demonstrações contábeis

O balanço patrimonial deverá exprimir com fidelidade e clareza a situação real da empresa, observando suas peculiaridades, e indicará o ativo e o passivo (art. 1.188 do CC) de forma clara.

O balanço de resultado econômico, ou demonstração da conta de lucros e perdas, acompanhará o balanço patrimonial e dele constarão crédito e débito, na forma da lei especial (art. 1.189 do CC).

Autenticação no registro do comércio

Salvo disposição especial de lei, os livros obrigatórios e, se for o caso, as fichas, antes de postos em uso, devem ser autenticados nas juntas comerciais. A autenticação não se fará sem que esteja inscrito o empresário ou a sociedade empresária, que poderá requerer a autenticação de livros não obrigatórios.

Valor probante da escrituração

O art. 1.177 do CC determina que:

> Os assentos lançados nos livros ou fichas do preponente, por qualquer dos prepostos encarregados de sua escrituração, produzem, salvo se houver procedido de má-fé, os mesmos efeitos como se o fossem por aquele.
> Parágrafo único. No exercício de suas funções, os prepostos são pessoalmente responsáveis, perante os preponentes, pelos atos culposos; e, perante terceiros, solidariamente com o preponente, pelos atos dolosos.

Portanto, cumpre ao contador assegurar, na escrituração dos atos constitutivos e posteriores alterações contratuais que demandem registros contábeis, a certeza manifesta de todas as determinações destes atos societários, bem como evidenciar os respectivos números de registro que embasem sua escrituração (art. 1.177 do CC).

Conservação e guarda da documentação

> O empresário e a sociedade empresária são obrigados a conservar em boa guarda toda a escrituração, correspondência e mais papéis concernentes à sua atividade, enquanto não ocorrer prescrição ou decadência no tocante aos atos neles consignados [CC, art. 1.194].

Exibição dos instrumentos de escrituração contábil a terceiros

Sobre o assunto, estabelece o CC:

> Art. 1.190. Ressalvados os casos previstos em lei, nenhuma autoridade, juiz ou tribunal, sob qualquer pretexto, poderá fazer ou ordenar diligência para verificar se o empresário ou a sociedade empresária observam, ou não, em seus livros e fichas, as formalidades prescritas em lei.
>
> Art. 1.191. O juiz só poderá autorizar a exibição integral dos livros e papéis de escrituração quando necessária para resolver questões relativas a sucessão, comunhão ou sociedade, administração ou gestão à conta de outrem, ou em caso de falência.
>
> § 1º. O juiz ou tribunal que conhecer de medida cautelar ou de ação pode, a requerimento ou de ofício, ordenar que os livros de qualquer das partes, ou de ambas, sejam examinados na presença do empresário ou da sociedade empresária a que pertencerem, ou de pessoas por estes nomeadas, para deles se extrair o que interessar à questão.
>
> § 2º. Achando-se os livros em outra jurisdição, nela se fará o exame, perante o respectivo juiz.

E conclui:

> Art. 1.193. As restrições estabelecidas [...] ao exame da escrituração, em parte ou por inteiro, não se aplicam às autoridades fazendárias, no exercício da fiscalização do pagamento de impostos, nos termos estritos das respectivas leis especiais [art. 1.193 do CC].

Estabelecimento empresarial (fundo de empresa) e sua relevância no valor patrimonial da pessoa jurídica

Trata-se de reunião organizada dos bens corpóreos (balcões, mercadorias, maquinários etc.) e incorpóreos (ponto, nome, marcas etc.) para o exercício da empresa, por empresário ou por sociedade empresária (art. 1.142 do CC) (Unesa, s.d.).

Antes da teoria da empresa, o instituto era conhecido como fundo de comércio, mas após o Código Civil, com a previsão no seu art. 1.142, passou a ser classificado como estabelecimento empresarial ou também fundo de empresa.

O dia a dia do empresário e da sociedade empresária está direcionado a angariar, dentro das práticas mercadológicas, o maior número possível de clientes. Na realidade, a clientela se diferencia da freguesia; a primeira está ligada à fidelização ao produto ou ao titular que apresenta o produto – ou a ambos. Dessa forma, a atividade principal do empresário deve estar agregada aos elementos aliados ao negócio com a finalidade do melhor exercício possível da sua atividade empresarial.

Com isso, não basta, diante da concorrência do mercado, que o empresário venda, por exemplo, sapatos, sem se preocupar com elementos que venham a facilitar a formação da sua carteira de clientes e, consequentemente, sua lucratividade. No nosso exemplo, o empresário da atividade da sapataria deve se preocupar em exercê-la em um ponto empresarial de fácil acesso ao consumidor, o ambiente deve oferecer conforto, como refrigeração, sofás, acesso à linha de crédito (cartões e cheques), trabalhar uma marca respeitada no mercado, revender um produto com selo de procedência, entre outros elementos.

Percebe-se que a composição de todos esses elementos faz com que o empresário se diferencie de seus concorrentes. No entanto, requer a injeção de capital por parte do empresário, o que importa um sobrevalor ao empreendimento.

Trespasse do estabelecimento empresarial

O trespasse consiste na venda do estabelecimento empresarial. Não deve ser confundido com a venda do ponto empresarial. Isso porque no trespasse há alienação de todo o complexo de bens, ao passo que na venda do ponto subentende-se que a empresa somente mudará o local de exercício da sua atividade empresarial.

No discurso popular usa-se aleatoriamente a expressão "passo o ponto" que, por vezes, resume-se tão somente ao repasse do ponto empresarial e, em outras vezes, na venda do próprio estabelecimento empresarial.

Autorização dos credores do empresário para a realização do trespasse

Uma questão importante quanto ao trespasse fica por conta da necessidade da anuência ou não dos credores do empresário para a alienação do estabelecimento. Dispõe a lei que a concordância dos credores do empresário só se faz necessária quando, na venda, o empresário não tiver saldo suficiente para honrar as obrigações com seus credores.

Dessa forma, se a empresa saudável for negociada com terceiros, o empresário vendedor não precisará da concordância de seus credores, pois os mesmos não serão prejudicados com a alienação. Ao contrário, se o empresário alienante do empreendimento não tiver saldo para honrar as dívidas contraídas, caberá – antes de efetivar a transação de venda – a notificação a seus credores para que os mesmos possam se manifestar nesse sentido.

O silêncio em relação à notificação de venda indica aprovação dos credores no trespasse do estabelecimento empresarial. Isso significa que a manifestação de reprovação por eles deve ser de forma expressa (escrita). No entanto, nada impede que o empresário continue o processo venda, desde que – por meio de pagamento ou depósito em juízo – desconstitua a relação da dívida, cujo titular se mostrou contrário à venda.

A violação dessa notificação fará com que os credores – diante da ausência de saldo para a satisfação da dívida – possam ingressar com o pedido de falência do empresário (art. 94, III, "c", da Lei nº 11.101/2005).

Trespasse e a responsabilidade pelos débitos anteriores: alienante x adquirente

Havia um dito popular segundo o qual as dívidas do estabelecimento eram assumidas pelo novo dono. Na realidade, a lei civil firmava que os débitos não eram bens e, sim gravames sobre os bens; portanto, não ingressavam no conjunto de bens do estabelecimento empresarial. Com isso, os débitos anteriores à venda ficavam sob a titularidade do antigo dono, salvo se houvesse um acordo entre as partes por meio de previsão contratual.

Era usual no mercado que, no momento da venda de um empreendimento, as partes contratantes, em comum acordo, estabelecessem que as dívidas preexistentes da empresa ficariam a cargo do novo dono. Algumas leis especiais, como as trabalhistas e as tributárias, apresentavam disposições próprias no sentido de o trabalhador e do fisco poderem acionar os dois: tanto o alienante quanto o adquirente do negócio.

Hoje, essa matéria tomou um novo rumo, pois a questão encontra-se disposta no art. 1.146 do Código Civil, que estabelece a responsabilidade solidária (dos dois: alienante e adquirente) quanto aos débitos anteriores na ocasião do trespasse, por um ano, a contar da publicação do negócio ratificado na Junta Comercial para as dívidas que foram contraídas antes da venda e que já estejam vencidas, ou a contar da data do seu vencimento se a dívida foi assumida antes da venda, porém com a data de vencimento posterior à da venda.

As leis trabalhistas e tributárias apresentam, como já mencionado, tratamento especial; o prazo para que o empregado acione solidariamente as partes envolvidas na venda é de dois anos, enquanto o fisco possui cinco anos para ingressar com a cobrança do crédito.

Elementos do estabelecimento empresarial

Refere-se aos bens materiais e imateriais. Os primeiros são bens corpóreos, como a mercadoria, maquinários, frota, utensílios, entre outros; os segundos, os bens incorpóreos, também classificados como imateriais, englobados o ponto empresarial, nome e título do estabelecimento, a marca do produto utilizado pelo empresário e outros.

Ponto e locação empresarial

Ponto é o espaço físico, fixo ou não, onde o empresário se estabelece, constituindo um dos elementos incorpóreos do estabelecimento comercial. Em virtude dos investimentos despendidos pelo empresário para sua organização, o ponto gozará de proteção decorrente da Lei do Inquilinato (Lei nº 8.245/1991).

O contrato de aluguel para o exercício da atividade empresarial é assim considerado pela lei se, cumulativamente apresentar:

- o empresário como parte contratante no contrato de aluguel;
- o prazo mínimo de cinco anos do contrato de aluguel; e

- o empresário na mesma atividade empresarial por três anos consecutivos.

A lei de locações chama esse contrato de contrato de locação não residencial e o diferencia da locação residencial pelo fato de o primeiro apresentar a possibilidade da renovação compulsória.

A renovação compulsória garante ao empresário que aplicou seu capital na organização da empresa a continuidade do contrato de aluguel por mais cinco anos. A lei de locação, no entanto, estabelece condições para que tal direito seja assegurado, além de sempre preservar o direito de propriedade do dono do imóvel, previsto na Constituição Federal.

Nome empresarial

É a identificação do sujeito para o exercício da empresa (art. 1.155 do CC). Não se confunde com a marca, pois esta representa um sinal de identificação perante o público consumidor de seus produtos ou serviços e nem tampouco se confunde com o nome fantasia (também conhecido como título do estabelecimento) que identifica o local em que a atividade é exercida.

Dessa forma, "Santos, Lima & Pereira Ltda." identifica o nome da sociedade que revende o produto parafusos da marca "Ferro Bom" na "Casa de Parafusos do Vovô", local de realização da empresa.

O nome empresarial identifica o empresário ou a sociedade empresária concreta e, com ele(a), todos os direitos e obrigações decorrentes da atividade empresarial.

O empresário individual atua com o nome de firma individual, enquanto a sociedade sob firma social ou denominação (art. 1.156 a art. 1.158 do CC).

Espécies de nome

Firma individual – É a própria assinatura do empresário individual, tendo por base o nome civil (exemplo: João Silva Comércio de Doces).

Firma coletiva ou razão social – Forma-se pelo nome dos sócios da sociedade (exemplo: Silva, Peixoto & Cia. Comércio de Doces).

Denominação – Identifica as sociedades por quotas de responsabilidade limitada e as sociedades por ações. É constituída por nome fantasia, devendo designar o objeto da sociedade.

Propriedade industrial: marcas dos produtos

Outro elemento do estabelecimento empresarial é a marca do produto utilizado pelo empresário. Esse elemento apresenta uma proteção em lei especial, conhecida como Lei de Propriedade Industrial, que, na realidade, disciplina a invenção, o modelo de utilidade, o desenho industrial e a marca.

O direito industrial, regulado pela Lei nº 9.279/1996 (Lei da Propriedade Industrial ou LPI), assegura aos empresários os direitos e obrigações relativos à propriedade industrial, em conformidade com a Constituição Federal (art. 5º, XXIX).

O órgão encarregado de proteger os direitos do empresário é o Instituto Nacional da Propriedade Industrial (Inpi), autarquia federal sediada no estado do Rio de Janeiro.

A legislação da propriedade industrial abrange a proteção:

- da invenção;
- do modelo de utilidade;
- do desenho industrial;
- da marca.

A patente e o registro são os documentos que asseguram ao autor o direito de propriedade industrial sobre esses bens protegidos. A primeira, para invenção e modelo; o segundo, para desenho e marca.

Invenção e modelo de utilidade

A invenção é a criação de coisa nova, não compreendida no "estado da técnica", suscetível de aplicação industrial. Entende-se por estado da técnica "tudo aquilo tornado acessível ao público antes da data de depósito do pedido de patente, por descrição escrita ou oral, por uso ou qualquer outro meio, no Brasil ou no exterior [...]" (Lei nº 9.279/1996, art. 11, § 1º).

Já o modelo de utilidade consiste em qualquer modificação de forma ou disposição de objeto de uso prático já existente, ou parte deste, de que resulte uma melhoria funcional em seu uso ou em sua fabricação.

Os requisitos para sua concessão são:

1. novidade: a invenção é considerada nova quando for desconhecida por todos, no Brasil ou no mundo;
2. atividade inventiva: "a invenção é dotada de atividade inventiva sempre que, para um técnico no assunto, não decorra de maneira evidente ou óbvia do estado da técnica" (art. 13 da LPI);
3. industriabilidade: de nada adiantaria a patente de uma invenção que não pudesse ser fabricada ou produzida (art. 15 da LPI).

A invenção não poderá ser objeto de patente quando atuar contra a moral, os bons costumes, a segurança etc.

A patente de invenção terá validade de 20 anos, e a de modelo de utilidade, de 15 anos, contados da data do depósito (art. 40 da LPI).

O prazo de vigência da invenção não poderá ser inferior a 10 anos, e o do modelo de utilidade, a sete anos, contados da concessão. Decorrido o prazo de validade, o objeto cairá em domínio público, podendo, qualquer um, dele se utilizar.

Desenho industrial

Entende-se por desenho industrial a

> forma plástica ornamental de um objeto ou o conjunto ornamental de linhas e cores que possa ser aplicado a um produto, proporcionando resultado visual novo e original à sua configuração externa e que possa servir de tipo de fabricação industrial [art. 95 da LPI].

Os requisitos para registro são:

1. novidade: "o desenho industrial é considerado novo quando não compreendido no estado da técnica (art. 96, LPI);
2. originalidade: será considerado original o desenho industrial quando dele resultar uma configuração visual distintiva em relação a outros objetos (art. 96, LPI).

O desenho industrial não poderá ferir a moral, os bons costumes, a honra, a imagem etc.

Marca

É considerada como tal um sinal distintivo, visualmente perceptível, de um produto ou serviço (art. 122 e art. 123 da LPI). Sua função consiste em distinguir e identificar um produto ou serviço de outro idêntico, semelhante ou afim.

Marca de certificação – É utilizada "para atestar a conformidade de um produto ou serviço com determinadas normas ou especificações técnicas", por exemplo, certificação ISO 9002 (art. 123, II, da LPI).

Marca coletiva – É "usada para identificar produtos ou serviços provindos de membros de uma determinada entidade", por exemplo, *empresa amiga da criança* (art. 123, III, da LPI).

Os requisitos para registro da marca são:

1. novidade relativa: a lei não exige novidade absoluta, desde que a marca se apresente nova dentro da classe em que o requerente quer registrá-la;
2. não colidência com marca notória: marcas conhecidas em seu ramo de atividade gozam de proteção, mesmo se não forem registradas no Brasil, em virtude da Convenção da União de Paris para a Proteção da Propriedade Industrial (art. 126 da LPI).

Em conformidade com os demais bens da propriedade industrial, a marca não poderá ser registrada nas situações previstas no art. 124 da LPI.

O registro da marca tem prazo de vigência de 10 anos, contados da data de sua concessão, prorrogáveis por períodos iguais e sucessivos (art. 133 da LPI); é a única modalidade de direito industrial prorrogável por prazo indeterminado.

* * *

Em resumo, este capítulo apresentou a estrutura jurídica das organizações, suas características e modalidades. Na sequência, no capítulo 3, trataremos dos tipos societários no mercado brasileiro.

3
Tipos de sociedade no mercado

Este capítulo versa sobre as matrizes societárias existentes no Brasil, enfatizando a sociedade limitada e a sociedade anônima, o encerramento regular das mesmas, as responsabilidades de seus sócios, bem como os modelos alternativos de negócios.

Quadro de sociedade no Brasil

As sociedades mais constituídas no Brasil são, em ordem de preferência, a limitada e a anônima. Uma das razões baseia-se no fato de serem sociedades com limitação de responsabilidade dos seus integrantes e, dessa sorte, se houver um desajuste econômico na empresa, a responsabilidade dos sócios será limitada ao valor da sua participação no negócio.

É fato que tal regra apresenta exceções de ordem pública, com a finalidade de não fazer das sociedades um esconderijo absoluto para eventuais fraudes dos sócios. Com isso, em momentos excepcionais, a limitação de responsabilidade será mitigada, como é o caso da aplicação da teoria da desconsideração da personalidade jurídica nos casos de fraudes aos credores, ou ainda nas hipóteses de débitos trabalhistas ou fiscais, bem como para aqueles que assinarem atas de deliberações em que a decisão for contrária à lei ou ao contrato social/estatuto.

Entre as duas modalidades societárias, há diferenças estruturais e legais e, em regra, a sociedade limitada é voltada para pequenos e médios empreendimentos, ao passo que a sociedade anônima, para negócios de grande porte.

No entanto, o quadro societário brasileiro não se restringe apenas a essas duas sociedades e, por conta da referida ressalva, cumpre examinar os diversos tipos de sociedade além das sociedades limitadas e anônimas.

Tipos societários no Brasil

O legislador civilista classificou as sociedades em dois grandes grupos: o das sociedades não personificadas e o das sociedades personificadas. Considerando que as sociedades adquirem personalidade jurídica com o registro no órgão competente, o divisor de águas entre os dois grupos é justa e respectivamente a (não) existência do referido arquivamento do contrato social no órgão registral.

Na primeira categoria – a das sociedades não personificadas –, que são as que atuam sem registro no órgão competente, temos: as sociedades em comum, conhecidas no mercado como sociedades de fato (informais) e as sociedade em conta de participação, muito conhecidas pelas parcerias entre as empresas.

Sociedade em comum – Não tem seus atos constitutivos inscritos no registro competente (juntas comerciais ou cartórios de pessoas jurídicas). Os bens e dívidas sociais constituem patrimônio especial, do qual os sócios são titulares em comum, ainda que irregular. A responsabilidade dos sócios será solidária e ilimitada pelas obrigações sociais.

Sociedade em conta de participação – Não tem personalidade jurídica, não possui firma social nem se revela publicamente a terceiros. Nela figuram duas categorias de sócio:

- ostensivo: contrata em nome da sociedade, possuindo responsabilidade solidária e ilimitada pelas obrigações sociais;
- participante: não contrata em nome da sociedade, de sorte que não possui responsabilidade pelas obrigações sociais, porém ficará limitado aos investimentos empregados na sociedade pelo sócio ostensivo, nos termos do contrato social.

No caso do grupo das personificadas deve-se verificar, em um primeiro momento, qual o objeto da empresa e, dessa forma, se ela é ou não de cunho empresarial. Sendo empresarial, será registrada na Junta Comercial; do contrário, como as pessoas jurídicas de natureza filantrópica, as associações, os partidos políticos, entre outros, seus atos constitutivos serão arquivados no Registro Civil de Pessoas Jurídicas.

Com isso, as sociedades personificadas são classificadas, em regra, pelo objeto da sociedade, de modo que se pode ter sociedade simples, se o objeto da pessoa jurídica não exerce uma atividade economicamente organizada e, ao contrário, se exercer atividade organizacional semelhante à de um empresário, será designada sociedade empresária. A nomenclatura atual substituiu as antigas sociedades civis e sociedades comercias, respectivamente.

Por força de lei alguns tipos societários, independentemente do seu objeto e de forma atípica, serão sempre simples (como as sociedades cooperativas) e sempre empresárias (como as sociedades por ações).

Sociedade personificada simples (baseado em Unesa, s.d.)

A sociedade simples será constituída mediante contrato por escrito, particular ou público, que deve conter, além das cláusulas livremente pactuadas entre os sócios:

- nome, nacionalidade, estado civil, profissão e residência dos sócios, se pessoas físicas;
- firma ou denominação, nacionalidade e sede dos sócios, se pessoas jurídicas;
- denominação, objeto social, sede e prazo de duração da sociedade;
- capital social em moeda corrente; a quota-parte de cada sócio no capital social e sua forma de integralização;
- as prestações de cada sócio no capital social, cuja contribuição refira-se a serviços;
- a administração da sociedade e os poderes e atribuições de cada sócio;
- a participação de cada sócio nos lucros e perdas;
- forma de responsabilidade dos sócios (subsidiária ou não).

Sociedade personificada empresária

A sociedade empresária, como já mencionado, é a pessoa jurídica que explora a empresa, isto é, uma atividade econômica organizada para a produção ou circulação de bens ou de serviços. Pode ser classificada da seguinte maneira:

Quanto à responsabilidade dos sócios

Uma vez personificada a sociedade, os sócios, via de regra, não respondem pelas obrigações da sociedade enquanto não exaurido o patrimônio social; vale dizer, a responsabilidade dos sócios é subsidiária.

A responsabilidade dos sócios poderá ser:

- ilimitada – respondem de forma solidária e ilimitada pelas obrigações sociais (exemplo: sociedade em nome coletivo);

- limitada – respondem até certo limite da contribuição para o capital social (exemplos: sociedades por ações e limitada);
- mista – alguns sócios respondem de forma ilimitada pelas obrigações da sociedade; outros, de forma limitada (exemplo: sociedade em comandita simples).

Quanto à forma de constituição e dissolução

- contratual – sociedade constituída e regulamentada a partir de um contrato social (exemplos: sociedades em nome coletivo, em comandita simples e limitada);
- institucional – regulamentada a partir de um estatuto social (exemplos: sociedades em comandita por ações e sociedades anônimas).

Sociedade em nome coletivo

É uma típica sociedade de pessoas, na qual todos os sócios têm responsabilidade solidária e ilimitada pelas obrigações sociais (art. 1.039 do CC). Somente pessoas físicas podem participar, sejam empresárias ou não. A administração compete aos sócios, não admitindo delegação de poderes a terceiros.

Sociedade em comandita simples

Nela, há duas categorias de sócios:

- os comanditados – pessoas físicas com responsabilidade solidária e ilimitada pelas obrigações sociais;

- os comanditários – pessoas físicas ou jurídicas com responsabilidade limitada ao valor de sua quota (art. 1.045 do CC).

O sócio comanditário é mero prestador de capital e não participa da administração da sociedade. No entanto, poderá ser constituído procurador da sociedade com poderes especiais para realizar determinado negócio. Uma vez considerado sócio, tem direito de participar das deliberações e de fiscalizar as operações sociais.

Sociedade limitada e sociedade anônima

Sociedade limitada

A sociedade limitada é considerada uma das sociedades mais usuais no direito brasileiro, uma vez que a responsabilidade dos sócios está restrita ao valor de suas quotas, estabelecendo nítida separação entre o patrimônio pessoal dos sócios, que não pode ser atingido pelas obrigações.

A sociedade limitada está regida nos art. 1.052 a art. 1.087 do Código Civil. No entanto, essa lei estabelece que, nas omissões de seus artigos, tais sociedades reger-se-ão pelas normas da sociedade simples (art. 997 a art. 1.038) ou, se previsto expressamente no contrato social, a sociedade limitada poderá aplicar as normas que regem as sociedades anônimas (art. 1.053 parágrafo único, do CC).

O sucesso desse tipo societário entre os empresários brasileiros justifica-se, principalmente, em razão de dois fatores: limitação da responsabilidade dos sócios e facilidade de constituição. A sociedade limitada é muito menos complexa que a anônima.

"A responsabilidade de cada sócio é restrita ao valor de suas quotas, mas todos respondem solidariamente pela integralização do capital social" (art. 1.052 do CC) e "pela exata estimação dos bens conferidos ao capital social" até o prazo de cinco anos da data do registro da sociedade (art. 1.055, § 1º, do CC).

No entanto, essa responsabilidade limitada não gera abusos, pois os sócios que explicitamente aprovarem deliberações infringentes à lei ou ao contrato social responderão ilimitadamente pelos seus atos, inclusive com seu patrimônio.

Da mesma forma responderão os sócios por dívidas trabalhistas e tributárias da sociedade. Soma-se a responsabilidade ilimitada dos sócios à aplicação da teoria da desconsideração de personalidade jurídica nos casos de conduta fraudulenta aos credores por parte dos sócios.

Características da sociedade limitada

a) Responsabilidade dos sócios

A regra é que os sócios tenham responsabilidade limitada a sua parcela do capital social a partir da integralização do mesmo; dessa forma, enquanto o capital não estiver integralizado, todos são solidários pela integralização do capital social (art. 1.052 do CC). A título de exceção, o patrimônio dos sócios pode ser alcançado por dívidas contraídas pela sociedade, nos casos de existência de créditos tributários (art. 135, III, do Código Tributário Nacional – CTN); créditos da seguridade social (art. 13 da Lei nº 8.620/1993).

Trata-se da aplicação da teoria da desconsideração, ou seja, enquanto não esgotado o patrimônio social, não pode a execução recair sobre bens particulares dos sócios (responsabilidade subsidiária, art. 1.024 do CC).

b) Capital social

É a contribuição inicial dos sócios para a formação da sociedade. A subscrição do capital social representa a manifestação de vontade dos sócios em participar da sociedade, sendo um compromisso irretratável. O Código Civil não estabelece prazo para o cumprimento dessa manifestação de vontade, que é chamada de integralização do capital social.

c) Sociedade contratualista

A sociedade limitada apresenta como ato constitutivo um contrato social. Nele, além das cláusulas obrigatórias determinadas em lei (art. 997 do CC), os sócios inserem, nas cláusulas facultativas, interesses próprios.

d) Sociedade limitada: simples ou empresária

Quanto ao objeto, as sociedades limitadas, de acordo com o art. 982 do CC, poderão adotar o tipo sociedade simples ou sociedade empresária. No primeiro caso, o objeto da sociedade limitada não exerce uma atividade economicamente organizada e, por tal razão, deve ter seus atos constitutivos arquivados no Registro Civil de Pessoas Jurídicas, a cargo dos cartórios de títulos e documentos.

No entanto, quando o objeto da Sociedade Limitada exercer atividade economicamente organizada, ela deverá ter seus atos constitutivos arquivados no Registro Público de Empresas Mercantis, a cargo das juntas comerciais.

e) Sociedade limitada: de pessoas ou de capitais

A sociedade limitada, quanto à *affectio societatis*, poderá ser uma sociedade de pessoas ou de capitais. Será uma sociedade de pessoas quando o contrato social estruturar a base na afeição entre os sócios. Nesse caso, há uma restrição à negociação das quotas para estranhos, haja vista a relevância das pessoas que compuseram o primeiro núcleo da sociedade.

A sociedade limitada será, no entanto, uma sociedade de capitais, quando a livre negociação das quotas a terceiros for de maior importância do que a figura dos sócios.

f) Nome empresarial: firma social ou denominação social

De acordo com o art. 1.158 do CC, a sociedade limitada poderá adotar, quanto ao nome empresarial, a modalidade firma social ou denominação. Na firma social, apresentará os nomes de todos os sócios ou de alguns deles acrescidos, neste último caso, da expressão "companhia". Quer tenha o nome de todos os sócios ou de alguns deles, a firma sempre terminará com a indicação "limitada". A ausência dessa expressão acarretará responsabilidade ilimitada para os sócios.

Já na denominação, a sociedade limitada deverá indicar o objeto vinculado à atividade da sociedade. Se resolver adotar uma denominação social, utilizará um nome fantasia, ou seja, uma expressão qualquer, sendo permitido figurar nela o nome dos sócios. A denominação social deve, obrigatoriamente, indicar o ramo explorado ou, como nosso código prescreve, o "objeto social" (art. 1.158, § 2º, do CC), e ser seguido da expressão "Limitada" (por extenso) ou "Ltda." (abreviado). Diferentemente da firma social, a denominação social não pode ser usada como assinatura.

Como exemplos de sociedades limitadas que adote uma denominação social, podemos mencionar: "Panificadora William Daniel Ltda." e "Perfumaria B&B Ltda.".

Prefere-se a denominação social à firma, pois, nesta última, toda vez que um sócio cujo nome nela figure sai ou morre, há a necessidade de mudança de tal firma (art. 1.165 do CC). Já a denominação social é mais duradoura.

O uso da firma ou denominação social é privativo dos administradores que tenham os necessários poderes para usá-los (art. 1.064 do CC).

Como definido no Código Civil,

> Art. 1.164. O nome empresarial não pode ser objeto de alienação. Parágrafo único. O adquirente de estabelecimento, por ato entre vivos, pode, se o contrato o permitir, usar o nome do alienante, precedido do seu próprio, com a qualificação de sucessor.

O art. 1.166 do Código Civil assegura a proteção do nome empresarial somente nos limites do respectivo estado e, no máximo, a todo território nacional se ele for registrado na forma da lei especial. Isso contraria o princípio do direito de exclusividade do nome empresarial extensivo a todo o território nacional, consagrado na doutrina e na jurisprudência, disposto no art. 5º, XXIX, da Constituição da República, que assegura às empresas a exclusividade de uso do seu nome.

Contraria, também, o art. 8º da Convenção da União de Paris (à qual o Brasil aderiu), que dispõe expressamente: "O nome comercial será protegido em todos os países da União sem obrigação de depósito ou de registro, quer faça ou não parte de uma marca de fábrica ou de comércio", o que torna incoerente a exigência contida no parágrafo único do art. 1.166 do CC.

O art. 1.167 do Código Civil determina que a pessoa que se sentir prejudicada poderá ingressar, a qualquer tempo, com ação para anular a inscrição do nome empresarial feita com violação da lei ou do contrato.

E, por fim, o Código Civil define, em seu art. 1.168, que

a inscrição do nome empresarial será cancelada a requerimento de qualquer interessado, quando cessar o exercício da atividade para que foi adotado ou quando ultimar-se a liquidação da sociedade que o inscreveu.

g) *Quotas*

As regras relativas às quotas da sociedade limitada não eram previstas na lei, deixando para o contrato social disciplinar as situações peculiares. Todavia, o Código Civil estabelece as regras das quotas sociais da sociedade limitada nos art. 1.055 a art. 1.059.

A quota representa a contribuição dos sócios na forma de dinheiro, bens ou créditos para o desenvolvimento da atividade econômica.

Assim, o capital social das sociedades limitadas poderá dividir-se em partes (quotas), iguais ou desiguais, cabendo uma ou diversas a cada sócio, que não poderá contribuir apenas com prestação de serviços. Todos os sócios respondem solidariamente pela exata estimação de bens conferidos ao capital social até o prazo de cinco anos da data do registro da sociedade (art. 1.055 do CC).

Destarte, na sociedade limitada, cada sócio entra com uma parcela do capital social, devendo diretamente integralizar sua cota subscrita, e indiretamente integralizar as cotas subscritas por todos os outros sócios, pois um sócio é fiador do outro na integralização das quotas.

Integralização das quotas significa a transmissão da propriedade dos bens assinalados pelos sócios no contrato à sociedade em surgimento. O Código Civil não impõe condições para a integralização das cotas.

A quota é indivisível em relação à sociedade, salvo para efeito de transferência, caso em que, sendo omisso o contrato, o sócio pode ceder sua quota, total ou parcialmente, a quem seja sócio ou a terceiro estranho à sociedade. Se ele ceder sua quota a outro sócio, não necessitará da anuência dos outros sócios, mas se desejar ceder a um estranho, os outros sócios devem ser comunicados e, para efetuar a cessão, não poderá encontrar expressa oposição de titulares de mais de um quarto do capital social.

A cessão da quota terá eficácia quanto à sociedade e a terceiros a partir da averbação do respectivo instrumento, subscrito pelos sócios anuentes (art. 1.056 e art. 1.057 do CC). Tais regras serão utilizadas somente na omissão do contrato social, pois o art. 1.057 concede aos próprios sócios o poder de estabelecer as normas que regerão a cessão de quotas na sociedade limitada.

Tem-se o condomínio com a aquisição de uma quota por mais de uma pessoa por ato *inter vivos* ou em virtude de sucessão hereditária. Nesse caso, os coproprietários devem escolher entre si um representante para o exercício dos direitos de sócio. Há a hipótese de representação pelo inventariante do espólio de sócio falecido (art. 1.056, § 1º, do CC). "Os condôminos de quota indivisa respondem solidariamente pelas prestações necessárias à sua integralização" (art. 1.056, § 2º, do CC).

Há, ainda, a obrigação de os sócios reporem os lucros e quantias retiradas da sociedade, a qualquer título, com prejuízo do capital social, mesmo que tal retirada tenha sido autorizada pelo contrato (art. 1.059 do CC).

h) Aumento e redução do capital social

Pode haver aumento ou redução do capital social, o que deve seguir as regras contidas nos art. 1.081 (aumento) e art. 1.082 a art. 1.084 (redução) do Código Civil.

O Código Civil trata do aumento de capital no art. 1.081, que remete a outros artigos, mas dispõe que, ressalvado o disposto em lei especial, integralizadas as quotas, o capital pode ser aumentado, com a correspondente modificação do contrato.

Pelo mesmo diploma legal, sempre será necessária a aprovação de sócios que detenham, no mínimo, 3/4 do capital social para o aumento. Para validade do aumento do capital, as quotas existentes têm de estar totalmente integralizadas e será concedido um prazo de até 30 dias para que os sócios exerçam, ou não, seu direito de preferência para aquisição de novas quotas, na proporção das quotas de que sejam titulares. O sócio poderá ceder seu direito de preferência na forma que lhe for disciplinada pelo contrato social, caso ele não pretenda subscrever o aumento de capital.

Decorrido o prazo da preferência e assumida pelos sócios, ou por terceiros, a totalidade do aumento, haverá reunião ou assembleia dos sócios, para que seja aprovada a modificação do contrato (art. 1.081, § 3º, do CC).

As regras para a redução estão nos art. 1.082 a art. 1.084. O capital social somente poderá ser reduzido se houver perdas irreparáveis, ou se for excessivo em relação ao objeto da sociedade, mediante a correspondente modificação do contrato social.

Para que haja perdas irreparáveis, é imprescindível que o capital tenha sido integralizado. Nesse caso far-se-á a redução do capital mediante a diminuição proporcional do valor nominal das quotas, tornando-se efetiva a partir da averbação da ata da assembleia que a tenha aprovado no Registro Público de Empresas Mercantis (Junta Comercial).

Caso aconteça de o capital se revelar excessivo, "a redução do capital social será feita restituindo-se parte do valor das quotas aos sócios, ou dispensando-se as prestações ainda devidas, com a diminuição proporcional, em ambos os casos, do valor nominal das quotas" e observado que a ata da reunião ou assembleia que deliberar a redução do capital para restituição aos sócios deve ser publicada. Somente após 90 dias da publicação e, desde que não tenha sido impugnada, a redução tornar-se-á eficaz, e o instrumento deverá ser levado a averbação no Registro Público de Empresas Mercantis (art. 1.084 do CC).

i) Administração da sociedade limitada

Compete aos sócios determinados pelo contrato social ou a terceiros estranhos à sociedade. Assim, o administrador da sociedade limitada poderá ser sócio ou não, nomeado em contrato ou ato separado conforme a nova redação conferida ao art. 1.061 do Código Civil pela Lei nº 12.375/2010.

j) Deliberação dos sócios

As deliberações dos sócios serão computadas conforme a participação destes na sociedade, podendo ser realizadas em assembleia ou reunião de sócios. Tanto a assembleia quanto a reunião poderão ser substituídas por um documento firmado entre os sócios.

As decisões que comprometerem o funcionamento da sociedade limitada só podem ser tomadas em assembleia regularmente convocada (art. 1.071 do CC). Esta é obrigatória quando o número de sócios for superior a 10. Quando inferior ou igual a 10, os sócios poderão pactuar no contrato que matérias serão deliberadas em reunião de sócios. A assembleia instala-se em primeira convocação com o *quorum* de 3/4 do capital social e em segunda com qualquer número.

A Assembleia Geral pode ser:

- ordinária – realizada nos quatro primeiros meses após o término de cada exercício anterior;
- extraordinária (art. 1.071 e art. 1.076 do CC) – realizada sempre que houver necessidade, para deliberar sobre assuntos de interesse da sociedade.

k) Conselho Fiscal

Trata-se de um órgão facultativo, composto, no mínimo, por três membros e respectivos suplentes, sócios ou não, eleitos em assembleia ordinária para apreciar as contas dos administradores e deliberar sobre o balanço patrimonial e o resultado econômico.

l) Dissolução da sociedade limitada

A sociedade limitada pode ser dissolvida:

- vencido o prazo de duração – salvo se, vencido este, e sem oposição de sócio, não entrar em liquidação, caso em que será prorrogada por prazo indeterminado;
- por consenso unânime dos sócios;
- por deliberação da maioria absoluta dos sócios, na sociedade por prazo indeterminado;
- por falta de pluralidade de sócios não reconstituída no prazo de 180 dias;
- por extinção, na forma da lei, de autorização para funcionar (art. 1.087 do CC).

A Lei Complementar nº 128/2008 acrescentou o parágrafo único ao art. 1.033 do Código Civil, no sentido de oferecer a possibilidade de o sócio remanescente, em não sendo retomada a pluralidade de sócios no prazo de 180 dias, transformar-se em empresário individual ou em empresa individual de responsabilidade limitada, preservando assim a continuidade da empresa em lugar de sua dissolução. Esse mesmo parágrafo sofreu nova alteração com a lei que instituiu a empresa individual de responsabilidade limitada (Lei nº 12.441/2011).

Sociedade anônima

Regida pela Lei nº 6.404/1976 (Lei das Sociedades Anônimas – LSA), é usualmente utilizada para constituição de sociedade que necessita de grandes investimentos. Por disposição legal, será sempre mercantil, independentemente de seu objeto social (art. 2º da LSA). Seu capital divide-se em ações, as quais representam valores mobiliários, que limitam a responsabilidade do acionista. O limite da responsabilidade do acionista é o preço de emissão das ações que foram subscritas ou adquiridas.

Características da sociedade anônima

a) Sociedade anônima aberta e fechada

- sociedade anônima aberta – seus valores mobiliários encontram-se em negociação no mercado de valores mobiliários, a cargo do mercado de balcão ou das bolsas de valores.
- sociedade anônima fechada – seus valores mobiliários não estão em negociação nesses mercados (art. 4º da LSA).

b) Comissão de Valores Mobiliários (CVM)

É uma autarquia federal, regulada pela Lei nº 6.385/1976, que tem por função supervisionar e controlar o mercado de capitais no Brasil.

c) Mercado de capitais

- Mercado primário – opera a subscrição de valores mobiliários emitidos pela companhia.

TIPOS DE SOCIEDADE NO MERCADO

- Mercado secundário – opera compra e venda de ações por intermédio das bolsas de valores.
- Mercado de balcão – opera emissão de valores mobiliários de companhia aberta, perante terceiros, por meio de um banco. Integra tanto o mercado primário quanto o secundário.
- Bolsa de valores – pessoa jurídica de direito privado cuja função é ampliar o volume de negócios nos mercados de capitais, operando compra e venda de ações ou de outros valores mobiliários.

Carolina Mandi (2017), em reportagem do jornal *Valor Econômico*, destaca que o IPO (sigla em inglês para oferta inicial de ações) do Burger King deverá movimentar entre R$ 1,544 bilhão e R$ 1,917 bilhão, sendo cada ação negociada entre R$ 14,50 e R$ 18,00. Ao final do IPO, o Burger King deve chegar à bolsa com um valor entre R$ 3,22 bilhões e R$ 4 bilhões. Parte do objetivo é captar novos recursos para a rede de lanchonetes fazer investimentos. Observamos, assim, uma das formas que as companhias abertas possuem para a captação de recursos no desenvolvimento de seus negócios.

d) Constituição da sociedade anônima

A companhia poderá ser constituída por escritura pública ou particular, devendo, em ambos os casos, atender a certos requisitos. Entre eles, destacamos:

- subscrição, por pelo menos duas pessoas, de todas as ações em que se divide o capital social;
- realização inicial de no mínimo 10% do preço de emissão das ações subscritas em dinheiro;

- efetivação do depósito da parte do capital em dinheiro no Banco do Brasil ou em outro estabelecimento bancário autorizado pela CVM (o valor da efetivação em dinheiro poderá variar conforme objeto da companhia).

e) Valores mobiliários de uma companhia: ações

As ações consistem em valores mobiliários, que são títulos de investimentos emitidos pelas companhias com a finalidade de captar investidores.

f) Classificação das ações quanto à natureza

- Ordinárias – atribuem, ao seu titular, os direitos comuns de um acionista, isto é, o direito a voto na Assembleia Geral.
- Preferenciais – atribuem, ao seu titular, certa vantagem, como o direito a dividendos mínimos de 10% acima dos atribuídos às ações ordinárias.
- De fruição – são utilizadas para a amortização das ordinárias ou das preferenciais. A amortização consiste na distribuição aos acionistas, a título de antecipação e sem redução do capital social, dos direitos a que fazem jus, em caso de liquidação da companhia.

g) Classificação das ações quanto à forma

- Nominativas – ações em que se declara o nome de seu proprietário em livro de registro de ações nominativas.
- Escriturais – Nelas não há emissão de certificado. São mantidas em conta de depósito, em nome de seus titulares, junto a uma instituição financeira.

h) Outros valores mobiliários

Além das ações, a companhia poderá emitir outros papéis mobiliários para captação de recursos, tais como as debêntures, que constituem a parcela de um mútuo, na qual a sociedade assume a posição de devedora perante o debenturista. Há entre eles uma relação de direito líquido e certo de crédito. As debêntures podem ser emitidas por companhia aberta ou fechada e serão sempre nominativas. Por conta da Lei nº 12.431/2011, a norma disciplinadora das debêntures sofreu algumas alterações, como o fato de, na companhia aberta, o Conselho de Administração poder deliberar sobre a emissão de debêntures não conversíveis em ações, salvo disposição estatutária em contrário.

Outra alteração é o estatuto de a companhia aberta poder autorizar o Conselho de Administração a, dentro dos limites do capital autorizado, deliberar sobre a emissão de debêntures conversíveis em ações, especificando o limite do aumento de capital decorrente da conversão das debêntures, em valor do capital social ou em número de ações, e as espécies e classes das ações que poderão ser emitidas.

O jornal *Valor Econômico* em reportagem recente, por Álvaro Campos (2017), noticiou a aprovação em AGE (Assembleia Geral Extraordinária) da emissão de debêntures não conversíveis em ações pela rede de academias Smartfit. A referida emissão constitui importante instrumento de financiamento para as sociedades anônimas.

Já as partes beneficiárias são títulos de investimentos emitidos por companhias fechadas, sem valor nominal e estranhas ao capital social, que dão direito de crédito eventual contra a companhia na participação nos lucros, não podendo exceder 10%.

Outros valores mobiliários são os bônus de subscrição, que conferem o direito de preferência em subscrever novas ações. Os *commercial papers* são idênticos às debêntures, diferenciando-se pelo vencimento: o *commercial paper* vence em 30 a 180 dias; a debênture, em oito a 10 anos, em geral.

i) Acionista

É o titular de ação de uma companhia emissora. Seu dever principal é o de pagar o preço de emissão das ações que subscrever.

Os direitos essenciais dos acionistas estão elencados no art. 109 da Lei nº 6.404/1976 e são:

- participação nos lucros sociais;
- participação no acervo da companhia em caso de liquidação;
- fiscalização da gestão dos negócios sociais;
- direito de preferência na subscrição de novas ações ou valores mobiliários;
- direito de retirada ou recesso.

O direito de voto é direcionado de forma plena aos titulares de ações ordinárias, daí não ser enquadrado como direito essencial, visto que esses são estendidos a todas as categorias de acionistas independentemente da espécie de suas ações.

ÓRGÃOS DA SOCIEDADE ANÔNIMA

a) Órgão deliberativo

A Assembleia Geral constitui um órgão deliberativo dos acionistas, podendo ser:

- ordinária – realizada nos quatro primeiros meses do exercício seguinte; consiste basicamente em aprovar as contas relativas

ao exercício social, encerrado em 31 de dezembro do ano anterior (art. 132 da LSA);
- extraordinária – realizada a qualquer momento, conforme o *quorum* de instalação (art. 135 da LSA).

O *quorum* de instalação da assembleia em primeira convocação será de 1/4 do capital votante, ou de 2/3 no caso de constar da ordem do dia a reforma do estatuto social, e em segunda, qualquer número. O *quorum* de deliberação é a maioria, exceto quando a lei determina *quorum* qualificado (art. 136 e art. 129 da LSA).

b) Órgão administrativo

A Diretoria é um órgão executivo composto, no mínimo, por dois membros, acionistas ou não, eleitos pelo Conselho de Administração ou pela Assembleia Geral, cuja finalidade, de modo geral, é representar legalmente a sociedade.

O Conselho de Administração é um órgão deliberativo composto, no mínimo, por três membros acionistas, eleitos pela Assembleia Geral com a finalidade de agilizar a tomada de decisões (art. 140 da LSA). É obrigatório nas sociedades anônimas abertas de capital autorizado ou de economia mista (art. 138, § 2º, e art. 235 da LSA). Com a redação da Lei nº 12.431/2011, os membros do Conselho de Administração não precisam mais ser acionistas.

São deveres dos administradores a diligência ou cuidado com os negócios da sociedade, a lealdade, a informação e o sigilo.

c) Órgão fiscal

O Conselho Fiscal é composto por no mínimo três membros e no máximo cinco, acionistas ou não. Sua função é convocar a Assembleia Geral em casos excepcionais, fiscalizar, denunciar e examinar os documentos da administração (art. 161 a art. 163 da LSA).

Encerramento regular da empresa e a responsabilidade posterior dos sócios

Dissolução, liquidação e partilha

A extinção da firma individual ou da sociedade mercantil é o término da sua existência; é o perecimento da organização ditado pela desvinculação dos elementos humanos e materiais que dela faziam parte. Dessa despersonalização do ente jurídico decorre a baixa dos respectivos registros, inscrições e matrículas nos órgãos competentes [Parecer Normativo CST nº 191/1972, item 6].

A extinção, precedida pelas fases de liquidação do patrimônio social e da partilha dos lucros entre os sócios, dá-se com o ato final, executado em dado momento, no qual se tem por cumprido todo o processo de liquidação.

"Considera-se extinta a pessoa jurídica no momento do encerramento de sua liquidação, assim entendida a total destinação do seu acervo líquido" (IN SRF nº 1.700/2017, art. 240).

Extingue-se a pessoa jurídica:

1. pelo encerramento da liquidação – pago o passivo e rateado o ativo remanescente, o liquidante fará uma prestação de contas. Aprovadas estas, encerra-se a liquidação e a pessoa jurídica se extingue;
2. pela incorporação, fusão ou cisão com versão de todo o patrimônio em outras sociedades (art. 219 e art. 216 da LSA).

A dissolução da pessoa jurídica ocorre nas seguintes hipóteses:

1. pela vontade de seu(s) titular(es);
2. por previsão em lei;
3. por decisão (judicial ou administrativa) de autoridade pública.

Quanto aos efeitos da dissolução, disciplina o art. 207 da LSA: "A pessoa jurídica dissolvida conserva a personalidade até a extinção, com o fim de proceder à liquidação".

A dissolução não extingue a personalidade jurídica de imediato, pois a pessoa jurídica continua a existir até que se concluam as negociações pendentes, procedendo-se à liquidação das ultimadas, conforme disposto no art. 51 do Código Civil.

Mas, o que vem a ser liquidação de uma empresa? Trata-se do conjunto de ações que organizam sua iminente extinção. E que ações são estas? Ei-las:

a) realização do ativo (venda dos bens disponíveis);
b) pagamento do passivo (quitação das dívidas);
c) destinação do saldo das operações acima (se houver) aos titulares da sociedade.

Caso o valor apurado com a alienação dos bens não seja suficiente para o pagamento das dívidas, ter-se-á, em regra, a decretação de falência da pessoa jurídica.

Embora durante a liquidação a empresa tenha suas atividades suspensas, ela continua a existir como pessoa jurídica com toda a carga de obrigações, inclusive tributárias e contábeis, decorrentes dessa existência. Quer dizer, o liquidante deve manter a escrituração contábil e o recolhimento de tributos em dia durante o período de tempo que perdurar a liquidação.

Consequentemente, a pessoa jurídica será tributada até findar-se sua liquidação, ou seja, embora interrompida a normalidade da vida empresarial pela paralisação das suas atividades-fim, deve o liquidante manter a escrituração de suas operações, levantar balanços periódicos, apresentar declarações, pagar os tributos exigidos e cumprir todas as demais obrigações previstas na legislação tributária.

"Em todos os atos ou operações necessárias à liquidação, o liquidante deverá usar a denominação social seguida das palavras 'em liquidação'" (art. 212 da LSA).

"No caso de liquidação judicial será observado o disposto na lei processual, devendo o liquidante ser nomeado pelo juiz" (parágrafo único do art. 209 da LSA). A liquidação será processada judicialmente, além dos casos previstos no art. 206, II, da LSA, se a pessoa jurídica, após sua dissolução, não iniciar a liquidação dentro de 30 dias, ou se, após iniciá-la, interrompê-la por mais de 15 dias, no caso de extinção da autorização para funcionar.

Novos modelos de negócios

Off shore companies

A expressão em inglês *off shore* é traduzida literalmente por "longe da costa". Em virtude da elevada carga tributária em determinados países, maior se apresenta o interesse de pessoas físicas e jurídicas em investir no exterior, em busca de vários atrativos, como: moedas fortes, estabilidade econômica e política, isenções fiscais ou impostos reduzidos sobre os rendimentos, segurança, sigilo e privacidade nos negócios, liberdade de câmbio, economia de custos administrativos, juros baixos, entre outros.

Uma *off shore*, portanto, é uma entidade situada no exterior sujeita a um regime legal diferenciado em relação ao domicílio de seus participantes. Alguns países, para atrair investimentos, adotaram políticas de redução e até mesmo de isenção fiscal. São os chamados "paraísos fiscais". Na América, podemos citar o Uruguai como exemplo, além das Ilhas Bermudas, Jersey, Ilhas Cayman, Ilhas Virgens Britânicas e Panamá. A Instrução Normativa da Receita

Federal do Brasil nº 1.037/2010 relaciona os locais considerados paraísos fiscais.

É possível, no direito brasileiro, controlar empresas no exterior – uma *off shore company*. Para que o empreendimento seja legal, é necessária sua declaração à Receita Federal e ao Banco do Brasil (no caso de patrimônio superior a US$ 100 mil). A criação dessa empresa em outro país pode ser utilizada com o objetivo de diminuir a carga tributária incidente sobre as operações ou viabilizar pagamentos e recebimentos em moeda estrangeira.

Não há ilícito em se buscar melhores alternativas de ganho, preservando-se a legalidade dos atos. Nas palavras de Fábio Ulhoa Coelho (2015:71):

> As *off slhore companies* são sociedades empresárias constituídas e estabelecidas em país estrangeiro. Não são necessariamente fraudulentas, mas podem servir, como todas as demais sociedades, de instrumento para fraudes ou abusos. Nesse caso, a exemplo das demais, podem ter a sua autonomia patrimonial desconsiderada.

Nesse contexto, observamos que os mesmos pressupostos para a aplicação da desconsideração da personalidade jurídica são aplicados tanto a empresas nacionais quanto a *off shores*.

Joint venture

A *joint venture* é uma das principais associações empresariais. Trata-se de aliança empresarial para a criação de um novo agente ou realização de um negócio. Na *joint venture*, as empresas que dão origem à nova empresa não deixam de existir e não perdem sua identidade como pessoas jurídicas, mantendo suas próprias estruturas administrativas e econômicas.

Para Carlos Alberto Bittar (2003:198), a *joint venture* "representa um contrato associativo, por meio do qual os empresários reúnem recursos ou técnicas em empreendimentos de interesse recíproco".

Trata-se de um tipo de aliança na qual as empresas visam unir seus recursos (matéria-prima, capital, tecnologia, canais de distribuição, vendas, conhecimento do mercado, *know-how* etc.) e esforços para expandir seus negócios, realizar uma atividade econômica comum visando, especialmente, o lucro. Nessa aliança, elas compartilham os lucros, os prejuízos, os custos e a gestão do novo agente econômico.

Não há uma definição específica em nosso ordenamento jurídico, contudo é bem acolhida pelos nossos tribunais. Existem duas modalidades de *joint venture*: a contratual e a societária.

A *joint venture* contratual (ou *non-corporate*) se apresenta pela não formação de uma nova empresa. Nessa modalidade de *joint venture*, é firmado um contrato com todas as condições e termos da relação entre as partes que estão se associando, com ou sem aportes de recursos, mas sem a formação de uma entidade jurídica independente.

Nas palavras de Carlos Alberto Bittar (2003:197):

> A expansão empresarial alcançada nas últimas décadas mostrou que as operações conjuntas entre sociedades distintas e, mesmo, de países diferentes são interessantes e rentáveis, permitindo, a um tempo, a absorção de tecnologia e a respectiva evolução, a racionalização da produção da administração e da comercialização e, enfim, o desenvolvimento dos negócios comuns, na linha de abertura traçada pela prática de instituição de grupos não formais de empresas. De fato, a necessidade de ampliação de mercados, a rigidez das fórmulas societárias, a limitação dos riscos da concentração, a excessiva oneração social e tributária de atividades produtivas e outros fatores acabaram levando as empresas a reunir-se em cadeias

ou redes, contratualmente formadas, sem subordinação societária, para a obtenção de objetivos comuns.

Por outro lado, na *joint venture* societária (ou *corporate*) ocorrerá a formação de uma nova empresa, com personalidade jurídica própria e distinta das empresas que se associaram.

Sobre a *joint venture* societária, Maristela Basso (1998:47) esclarece:

> A distinção entre as joint ventures societárias (corporate) e as não societárias (non corporate) resulta da existência, na primeira, de elementos específicos do contrato de sociedade, em especial: a) a entrada com que os participantes contribuem para possibilitar a execução em comum do projeto ou operação; b) a repartição de lucros ou prejuízos; c) o interesse comum dos participantes de que a associação atinja seus objetivos, em razão do qual exercem ou controlam a gestão do empreendimento.

Em geral, se estivermos diante de sociedades de países diferentes, o país da constituição deverá regular a administração da nova sociedade, processos societários, decisórios e tributários.

A respeito do tema Maristela Basso (1998:81) afirma que:

> A opção pela criação de uma "joint venture" com uma empresa é quase sempre motivada pelo suporte institucional que esta alternativa proporciona às associações de duração relativamente longa ou longas propriamente, como também para se enquadrar nas peculiaridades do país no qual se pretende operar em uma relação associativa estável.

Nesse contexto, a principal distinção entre as modalidades encontra-se na formação ou não de uma nova sociedade.

Em matéria de Camila Souza Ramos (2017) veiculada no jornal *Valor Econômico*, é informada a associação da companhia britânica BP Biocombustíveis com a Copersucar, empresa brasileira tradicional do setor de biocombustíveis por meio de uma *joint venture* societária, na qual a BP irá realizar a gestão do terminal de biocombustíveis que a Copersucar construiu em Paulínia (São Paulo), centro importantíssimo da distribuição de combustíveis no país. A reportagem nos informa que cada parceira terá 50% da nova empresa. Observamos, neste caso, uma exemplificação da utilização do modelo de parceria por meio de *joint venture* no fomento das atividades negociais.

Startups

Podemos conceituá-las como empresas jovens que buscam desenvolver um modelo de negócio inovador e rentável. Surgiram nos anos 1990, em grande parte no ramo de tecnologia, no Vale do Silício, na região da Califórnia, Estados Unidos, onde registra-se o nascimento de empresas como Google, Apple Inc., Facebook, Microsoft, entre outras.

No Brasil, as primeiras empresas com essa modelagem passam a se destacar a partir do ano de 2010, apresentando um crescimento vertiginoso, ocorrendo inclusive incentivo governamental por meio do Start-Up Brasil – Programa Nacional de Aceleração de Startups. Este consiste em uma iniciativa do governo federal, criada pelo Ministério da Ciência, Tecnologia, Inovações e Comunicações (MCTIC), em parceria com aceleradoras para apoiar as empresas nascentes de base tecnológica.

A formalização das *startups* pode ser efetuada por meio de diversos institutos societários, como a Eireli, sociedade limitada e a anônima, dependendo dos objetivos dos empreendedores e das especificidades do produto ou serviço a ser desenvolvido.

Importante destaque deu a Lei Complementar nº 155/2016, que alterou substancialmente a Lei Complementar nº 123/2006, introduzindo na legislação brasileira a figura jurídica do investidor anjo e a tipificação de um contrato de investimento relativo a tal investidor, para as sociedades enquadradas como ME (microempresa) ou EPP (empresa de pequeno porte).

Nos termos da referida lei, tal investidor anjo não será considerado sócio e nem poderá exercer a administração da atividade ou qualquer poder de veto.

O ponto mais atrativo de o investidor anjo não ser considerado sócio é a isenção de responsabilidade quanto às dívidas sociais, assim como a isenção aos efeitos de uma desconsideração da personalidade jurídica futura que possa atingir a sociedade investida.

No próximo capítulo, analisaremos os agentes jurídicos da empresa.

4
Agentes jurídicos da empresa

Neste capítulo, destacaremos os atores do cenário organizacional, como o administrador, os sócios da empresa e seus colaboradores, bem como as atuações funcionais, responsabilidades e obrigações de cada um deles no cenário empresarial.

Administrador da sociedade

A importância do estudo dos administradores das sociedades, até há pouco tempo conhecidos como sócios-gerentes, ocorre pelo fato de serem os agentes responsáveis em corporificar a vontade da sociedade, assumindo assim, pessoalmente, a responsabilidade pelos atos realizados.

Distinguir sua atuação como gestor norteada pela autonomia de vontade e submissão às normas sociais é, no contexto societário, de extrema relevância no sentido da responsabilidade pessoal pelos atos do administrador da sociedade.

O administrador corporifica a vontade da sociedade, uma vez que a pessoa jurídica é, na verdade, uma ficção jurídica (é importante não confundir a pessoa jurídica – que não existe fisicamente – com seus prédios, máquinas e utensílios). Logo, o administrador deve ser uma pessoa natural – que existe fisicamente. Ressalte-se, ainda, que este não precisa necessariamente ser um dos sócios ou acionistas, podendo, portanto, ser alguém estranho ao quadro societário.

Sua atuação nas relações jurídicas da empresa é de suma importância, por conta dos desdobramentos jurídicos decorrentes de seus atos. Daí a atuação ter como referência sua responsabilidade pessoal.

A responsabilidade civil do administrador contextualizada

As quatro situações mais frequentes estão descritas a seguir.

O administrador pratica ato regular de gestão

É pacífico o entendimento de que a sociedade responde sozinha, sem direito de regresso contra o administrador, pois os prejuízos decorrentes dos atos regulares de gestão serão sempre imputados à pessoa jurídica administrada. Assim já dispunha o art. 158 da LSA e assim dispõem o art. 47 e o *caput* do art. 1.015 do Código Civil.

O administrador pratica ato regular ou irregular de gestão, antes de averbado o ato de nomeação

Quando nomeado por meio de outro documento que não o contrato social, o administrador tem a obrigação de providenciar, o quanto antes, a averbação do ato de nomeação no Registro de Empresas Mercantis (a cargo das juntas comerciais) se a sociedade for empresária, ou no Registro Civil das Pessoas Jurídicas se for uma sociedade simples. Enquanto não o fizer, o administrador responderá com seus bens pessoais em solidariedade com a sociedade (art. 1.012 do CC).

Observe-se que o código estabelece responsabilidade pessoal e solidária, descabendo a aplicação da regra de subsidiariedade de que trata seu art. 1.024 do Código Civil. Responsabilidade solidária e responsabilidade subsidiária não se confundem. A primeira só ocorre quando a lei ou o contrato social expressamente trouxer previsão nesse sentido ("A solidariedade não se presume; resulta da lei ou da vontade das partes", conforme o art. 265 do CC).

O administrador pratica ato de gestão além dos limites impostos pelo contrato

A interpretação doutrinária antes vigente era a de que a sociedade também responderia pelos prejuízos causados, ainda que o administrador tivesse agido com excesso de poderes, em face da chamada teoria da aparência. De acordo com essa teoria, a sociedade seria obrigada a responder, perante terceiros, pelos atos praticados por seu administrador, sobrando-lhe apenas o direito de agir regressivamente contra o administrador para reaver as perdas e danos sofridos.

Dessa forma, a sociedade respondia por todos os seus atos, honrando os contratos assumidos com terceiros e, depois, reclamava eventuais prejuízos do administrador. Ainda que desvantajoso para a pessoa jurídica, privilegiava-se a boa-fé de quem com ela contratava. Essa regra continua válida para as sociedades anônimas e, possivelmente, para todas as sociedades limitadas em que o contrato social estabeleça a aplicação subsidiária da Lei de Sociedades Anônimas.

O Código Civil (art. 1.015, parágrafo único), entretanto, inovou substancialmente o direito anterior no que se refere às sociedades simples e às sociedades limitadas cujos contratos não prevejam a aplicação subsidiária das regras da sociedade anônima, ao estabelecer que os atos praticados pelo administrador com excesso de poderes não serão assumidos ou suportados pela sociedade sempre que a limitação de poderes estiver inscrita ou averbada no registro próprio da sociedade (inciso I); for conhecida por terceiro (inciso II); ou se se tratar de ato estranho ao objeto social (inciso III). Essa orientação, inspirada na *ultra vires doctrine*, segundo Fábio Ulhoa Coelho (2015:481), se contrapõe à prática anterior:

> A Teoria Ultra Vires postula a nulidade dos atos praticados em nome da sociedade, mas estranhos ao objeto social. No direito brasileiro a Lei das Limitadas, desde 1919, contempla dispositivo que afasta a adoção desta teoria. Entre nós, a sociedade limitada responde por todos os atos praticados em seu nome, ainda que extravagantes ao objeto social.

É o caso, por exemplo, da prestação de aval e fiança em nome da sociedade, que, até então, o Superior Tribunal de Justiça considerava válidas, para não prejudicar os terceiros contratantes de boa-fé (REsp nº 180.201-SP). E, agora, para responsabilizar a sociedade, será exigida uma diligência razoável do terceiro, a fim de apurar os limites dos poderes do administrador.

Outra crítica à redação do inciso II do art. 1.015 do CC se refere à dificuldade de definir o que se encontra ou não dentro do objeto social. Imagine-se a compra de um imóvel por uma fábrica de veículos. O ato não está dentro do objeto social, mas pode ser extremamente útil à própria sociedade. A sociedade deveria estar vinculada perante terceiros de boa-fé pelos atos praticados pelo administrador e proibidos pelo contrato social, ou mesmo estranhos a este.

O administrador age com culpa ou dolo no desempenho de suas funções

O Código Civil de 1916 previa apenas a obrigação de o sócio ressarcir a sociedade pelos prejuízos causados por atos praticados com culpa (art. 1.380), inexistindo regra que impusesse a solidariedade entre o sócio e a sociedade, salvo se o ato culposo do sócio tivesse sido praticado em proveito da sociedade (art. 1.398).

Pelo atual código, todo administrador de sociedade, quer seja sócio ou não, passa a ser responsável pelos atos que praticar, podendo ser responsabilizado pessoalmente por todos os atos que causem danos à sociedade (art. 1.016 do CC). É presumida a culpa ou o dolo do administrador que:

- realizar operações, sabendo ou devendo saber que estava agindo em desacordo com a maioria (art. 1.013, § 2º, do CC);
- sem consentimento escrito dos sócios, aplicar créditos ou bens sociais em proveito próprio ou de terceiros (art. 1.017, *caput*, do CC);
- tendo em qualquer operação interesse contrário ao da sociedade, tome parte na correspondente deliberação (art. 1.017, parágrafo único, do CC).

A responsabilidade civil do administrador pela distribuição de lucros ilícitos ou fictícios

Outra regra que passa a atingir diretamente o administrador não sócio é a do art. 1.009 do Código Civil, que assim dispõe:

> Art. 1.009. A distribuição de lucros ilícitos ou fictícios acarreta responsabilidade solidária dos administradores que a realizarem e dos sócios que os receberem, conhecendo ou devendo conhecer-lhes a ilegitimidade.

A sanção decorrente da obtenção ou distribuição de lucros ilícitos, consistente no pagamento à sociedade dos lucros distribuídos, e das perdas a ela causadas, já era objeto de disposição expressa do Código Civil de 1916, porém restrita aos sócios, ao menos no tocante às sociedades limitadas e às antigas sociedades civis. Vejamos:

> Art. 1.392. Havendo comunicação de lucros ilícitos, cada um dos sócios terá de repor o que recebeu do sócio delinquente, se este for condenado à restituição.
> Art. 1.393. O sócio que recebeu de outros lucros ilícitos, conhecendo ou devendo conhecer-lhes a procedência, incorre em cumplicidade, e fica obrigado solidariamente a restituir.

Ou seja, pelo sistema do código anterior, apenas os sócios estavam obrigados à restituição. Pelo Código Civil de 2002, se a sociedade distribuir entre seus sócios lucros ilícitos ou fictícios (inexistentes, gerados por meio de artifícios contábeis, tais como superestimação de receitas ou ocultação de despesas), a responsabilidade será solidária e ilimitada entre os sócios beneficiários e os administradores não sócios que autorizaram a distribuição.

O art. 1.009 do novo Código Civil impõe ao administrador deveres severos de diligência na avaliação dos ativos e passivos da sociedade, assim como das receitas, despesas e custos. Não poderá sequer alegar boa-fé, se não tiver adotado todas as medidas preventivas.

Em suma, é de todo conveniente que o administrador, antes de promover qualquer distribuição de lucros, obtenha o devido respaldo técnico, por meio de parecer específico dos serviços de contabilidade e auditoria, além de submeter a matéria ao Conselho Fiscal, quando este existir.

Sócios

A natureza jurídica dos sócios é discutida na doutrina e sustentada por alguns como um direito de propriedade do sócio sobre a sociedade que ele integra. Outros afirmam que o sócio tem um direito de crédito sobre a sociedade, por ter contribuído na formação do capital social. A doutrina majoritária inclina-se para a formação de um regime jurídico próprio entre sócio/sociedade, com regras específicas que delimitam direitos e deveres peculiares.

Deveres e direitos

Direitos dos sócios: participação nos lucros, assumir a função de sócio administrador, fiscalizar os administradores das sociedades, ter acesso aos dados contábeis e direito de retirada.

Já as obrigações dos sócios são várias, como: participar das perdas, respeitar as cláusulas pactuadas no contrato social, prestar contas quando assumir a função de sócio administrador, entre outras. Porém a mais importante é integralizar sua parcela do capital social.

Sócio remisso e implicações legais

Aquele sócio que não cumpre sua principal obrigação, de integralização da sua parcela do capital social, é chamado de sócio remisso. Isso porque o art. 1.004 do Código Civil, assim determina:

> Art. 1.004. Os sócios são obrigados, na forma e prazo previstos, às contribuições estabelecidas no contrato social, e aquele que deixar de fazê-lo, nos trinta dias seguintes ao da notificação pela sociedade, responderá perante esta pelo dano emergente da mora. Parágrafo único. Verificada a mora, poderá a maioria dos demais sócios preferir, à indenização, a exclusão do sócio remisso, ou reduzir-lhe a quota ao montante já realizado, aplicando-se, em ambos os casos, o disposto no § 1º do art. 1.031.

O sócio que não integralizar sua parcela nos moldes do contrato social será notificado pela sociedade. Após 30 dias, será constituído em mora e designado "sócio remisso" aquele que não integralizou sua parcela do capital social e, portanto, tornou-se devedor da sociedade. A partir desse momento, os demais sócios decidirão se o sócio devedor responderá por uma ação de indenização para reparar a dívida perante a sociedade ou se terá sua parcela de participação societária reduzida ao eventual montante que já tenha integralizado. É bem verdade que uma terceira opção poderá ser tomada, a da exclusão do sócio devedor do quadro geral da sociedade.

Falecimento, retirada e exclusão do sócio

A terminologia técnica é "resolução de um sócio perante a sociedade". Isso porque o vocábulo "resolução" designa quebra do pacto estabelecido no contrato social por um dos sócios.

A resolução do sócio perante a sociedade poderá ocorrer de quatro formas:

1. pela morte do sócio;
2. de forma voluntária, por meio do exercício do direito de retirada;
3. por cessão de suas quotas a terceiros;
4. por exclusão (obrigatória), como ocorre nos casos do sócio remisso, sócio falido, falta grave (via ação judicial), incapacidade superveniente (via ação judicial), justa causa (sociedades limitadas, pela via administrativa, desde que haja previsão no contrato social) e na hipótese de penhora das quotas.

Nesse sentido, é importante ressaltar que o ex-sócio, na aplicação do art. 1.003, parágrafo único, do CC, é responsável por até dois anos após o arquivamento regular da sua retirada da sociedade na Junta Comercial.

Colaboradores da empresa: auxiliares dependentes internos e externos

A empresa é o exercício de atividade organizada para a produção ou a circulação de bens ou serviços desenvolvida pelo empresário individual ou pela sociedade empresária.

Sendo normalmente necessário o auxílio de colaboradores, visto que o empresário dificilmente terá a capacidade de praticar todos os atos por si só, é muito frequente o auxílio de outras pessoas, tais como gerentes, empregados, contabilistas, advogados, representantes comerciais e leiloeiros para colaborar com o desenvolvimento da empresa. A essas pessoas, no exercício de suas funções, damos o nome de agentes auxiliares do comércio ou da empresa.

Apesar de atuarem em prol da empresa, esses colaboradores não assumem o risco da atividade e, por isso, não podem ser considerados empresários, mas apenas auxiliares do empresário.

A doutrina classifica os agentes auxiliares do empresário em dependentes e independentes, sendo que os dependentes são subdivididos em dependentes internos e dependentes externos.

Os auxiliares dependentes são aqueles que prestam serviços à sociedade empresária ou ao empresário individual na condição de assalariados, subordinados hierarquicamente a este ou àquela, trabalhando internamente ou externamente, percorrendo a clientela ou os fornecedores. Os auxiliares independentes não se subordinam hierarquicamente ao empresário individual ou a sociedade empresária, colaborando apenas em suas relações externas.

Com a revogação parcial do Código Comercial, os chamados auxiliares independentes são tratados em leis esparsas e pelo Código Civil, na parte relativa a contratos. A propósito, vejam-se as regras atinentes aos contratos de mandato, de agência, de distribuição e de corretagem. No que tange aos auxiliares dependentes, o Código Civil trata dos prepostos nos art. 1.169 a art. 1.178, destacando a figura do gerente e do contabilista.

No âmbito empresarial, tanto os auxiliares dependentes internos quanto externos poderão agir como prepostos.

Preposto

Inicialmente, é necessário elucidar o significado de preponente e preposto, de forma a delimitar o estudo desse tema.

O preposto é uma figura muito comum no efetivo exercício de atividades empresariais. Difere do administrador, uma vez que exerce papel secundário no exercício da atividade empresarial, cabendo toda a responsabilidade ao administrador.

Considera-se preposto aquela pessoa que dirige um serviço ou um negócio, por delegação da pessoa competente, denominada preponente, por meio de outorga de poderes. O Código Civil adota a expressão gerente para designar o preposto (art. 1.172). Vale ressaltar que o preposto é um representante da empresa que, com ela, não possui vínculo, tendo apenas um mandato para exercer determinado ato. Já o gerente – que também pode atuar como preposto – mantém vínculo, em geral de longo prazo, com a empresa, por exemplo, na qualidade de seu empregado.

Alguns juristas alertam que não se pode confundir a relação de preposição com a relação de emprego, uma vez que a preposição é apenas mais fácil de comprovar quando se tem um contrato de trabalho, mas não está limitada a essa relação jurídica.

O preponente, ao transmitir poderes ao preposto, em documento apartado, o faz com fulcro num elo de confiança nele depositado. Assim, o preposto representa pessoa de confiança do preponente (empresário individual ou sociedade empresária). E, como preposto, adquire direitos e contrai obrigações como se fosse o próprio preponente, ocasionando que este responda pelos atos praticados pelo preposto nessa qualidade.

O preposto é insubstituível para a prática dos atos delegados pelo preponente. Assim, prevê o art. 1.169 do Código Civil, "o preposto não pode, sem autorização escrita, fazer-se substituir no desempenho da preposição, sob pena de responder pessoalmente pelos atos do substituto e pelas obrigações por ele contraídas".

A função é pessoal, não podendo ser delegada. Ainda, não pode o preposto fazer concorrência ao preponente, nos termos do art. 1.170 do CC:

> Art. 1.170. O preposto, salvo autorização expressa, não pode negociar por conta própria ou de terceiro, nem participar, embora indiretamente, de operação do mesmo gênero da que lhe foi cometida, sob pena de responder por perdas e danos e de serem retidos pelo preponente os lucros da operação [art. 1.170 do CC]

O art. 1.171 do Código Civil reconhece os efeitos jurídicos perfeitos e acabados quando ocorrer a "entrega de papéis, bens e valores ao preposto, encarregado pelo preponente, se os recebeu sem protesto, salvo nos casos em que haja prazo para reclamação", vinculando ao preponente os efeitos decorrentes desses atos.

Gerente

Nem todo preposto é gerente, todavia todo gerente é preposto. A figura do gerente, descrita no art. 1.172, do Código Civil, é aquele preposto permanente no exercício da atividade empresarial, atuando na sede da empresa ou em sucursal, filial ou agência.

O que diferencia o preposto do gerente é o caráter permanente na prática de atos em nome do preponente, em conformidade com os poderes que lhe foram outorgados.

O nosso Código Civil, em seu art. 1.173, prevê que, "quando a lei não exigir poderes especiais, considera-se o gerente o autorizado a praticar todos os atos necessários ao exercício dos poderes que lhe foram outorgados".

Ainda que haja uma limitação dos poderes devidamente arquivada e averbada no Registro Público de Empresas Mercantis, o empresário ficará vinculado pelos atos que guardem relação com a atividade da empresa e que tenham sido praticados pelo gerente dentro do estabelecimento. Nesse mesmo cenário, o preponente – quer dizer, o empresário que constitui um assistente para conduzir seu negócio, em seu nome, por sua conta e a ele subordinado – responde solidariamente pelos atos que o gerente venha a praticar em seu nome ou por conta própria.

As modificações ou alterações do mandato concedido, para serem oponíveis a terceiros, imprescindem de arquivamento de ato e averbação no Registro Público de Empresas Mercantis. No entanto, serão oponíveis – mesmo que não arquivadas – se provado que o terceiro as conhecia ou as devesse conhecer.

A gerência não é, necessariamente, individual, visto que o parágrafo único do art. 1.173 do Código Civil reconhece a existência de solidariedade de poderes conferidos a dois ou mais gerentes, caso não haja estipulação em contrário, sendo necessária uma irrepreensível simultaneidade entre os gerentes que atuam em áreas similares de uma mesma empresa.

O gerente pode, ainda, ser designado administrador da empresa, por ato em separado, devendo, para tanto, ser investido no cargo mediante termo de posse no livro de atas da administração e deverá ainda providenciar a averbação de sua nomeação no Registro Público de Empresas Mercantis, a cargo das juntas comerciais (art. 1.062 do CC).

Deve-se registrar que o gerente aqui descrito não pode ser confundido com o administrador, pois este último é o representante da sociedade, quer por atuar na qualidade de mandatário dos sócios, como ocorre nas sociedades ditas pessoais ou contratuais, quer como órgão seu, tal como se dá nas sociedades anônimas.

Contador

Tanto o empresário individual quanto a sociedade empresária têm como obrigação manter um sistema de contabilidade regular, com escrituração regular de livros e conservação de documentos correspondentes, tornando imprescindível a existência de prepostos com capacidade e qualificação técnica para o desenvolvimento de tal atividade. Dessa forma, os art. 1.177 e art. 1.178, do Código Civil cuidam especificadamente desses profissionais, denominados contabilistas, os antigos guarda-livros.

Os contabilistas são mandatários do empresário individual e da sociedade empresária, podendo, dadas as particularidades da empresa, ser independentes. Eles são os prepostos encarregados de proceder à escrituração, sendo que os ofícios por ele praticados possuem os mesmos efeitos como se o fossem praticados pelo próprio empresário, seja ele individual ou sociedade empresária. Por esse motivo, os contabilistas respondem solidariamente com os preponentes pelos atos praticados com dolo, e sempre perante o preponente pelos atos praticados com culpa (art. 1.177 do Código Civil).

Como o exercício da atividade do contabilista se dá por força de uma escolha por parte do preponente empresário, será este o responsável, perante terceiros, por todos os atos, ainda que não autorizados por escrito, praticados pelo primeiro, exceto nos casos dos atos praticados fora do estabelecimento, em que o terceiro deva exigir o instrumento de preposição para verificar a autorização ou não para prática do ato (art. 1.178 do CC).

Deverá o contabilista, ainda, por força dos arts. 1.174 e 1.182, ambos do Código Civil, arquivar o instrumento de procuração contendo a outorga de poderes e suas respectivas limitações, no Registro Público de Empresas Mercantis.

A escrituração, via de regra, é de responsabilidade de um contabilista legalmente habilitado, podendo, em caso de não haver nenhum na localidade, ser outra pessoa (art. 1.182 do CC).

Prepostos externos

Observando o art. 1.178, parágrafo único, do Código Civil, os empresários preponentes só se obrigam pelos atos praticados fora dos referidos estabelecimentos se os agentes estiverem autorizados por escrito. Essa autorização pode ser suprida pela certidão ou cópia autêntica do seu teor. Assim, deve ser observada a exceção de forma estrita, aludindo às situações nas quais efetivamente o preposto não esteja exercendo funções para a empresa, nem se utilizando de material que lhe tenha sido confiado (uniformes, bloco de pedidos, carro etc.), estando, portanto, fora dos limites físicos e jurídicos da empresa.

Segundo a teoria da aparência, agasalhada pelo ordenamento jurídico pátrio, a sociedade comercial deve responder perante terceiros de boa-fé, vez que o ato ora realizado se deu sob a aparência da legalidade estatutária.

Responsabilidade civil pelos atos dos prepostos

Quando o preposto transfere suas atribuições sem o consentimento expresso do preponente, aplica-se a ele a regra do art. 1.169 do Código Civil, que prevê que

> O preposto não pode, sem autorização escrita, fazer-se substituir no desempenho da preposição, sob pena de responder pessoalmente pelos atos do substituto e pelas obrigações por ele contraídas.

O dispositivo acima da lei civil trata tanto de *culpa in elegendo* quanto de *culpa in vigilando*. A primeira se refere à negligência ou imprudência ou abuso na escolha, na eleição do preposto. A segunda, à violação do dever de vigiar e de diligência. Em ambas, observa-se a responsabilidade subjetiva com presunção, devendo a vítima provar o nexo de casualidade entre a presumível conduta culposa do preposto e o dano causado.

Sempre que o preposto transferir suas atribuições a um colaborador, empregado ou não, e este cometer um erro que cause dano ou perda, presume-se a culpa daquele. Caso esse preposto seja um profissional de contabilidade, sua responsabilidade será objetiva pelo risco da atividade. Este é o alcance da Súmula nº 341, do Supremo Tribunal Federal: "É presumida a culpa do patrão ou comitente pelo ato culposo do empregado ou preposto".

O Código Civil veio disciplinar essa responsabilidade, classificando-a em atos culposos ou dolosos, dependendo da forma como foram praticados, sem prejuízo das responsabilidades criminais cabíveis em cada caso concreto.

A responsabilidade civil do preposto, em especial a do contabilista, pelos atos relativos à escrituração contábil e fiscal, ficou mais bem delineada com o Código Civil de 2002, pois está mais claro que o profissional de contabilidade é responsabilizado por culpa dos seus atos (desídia, imperícia ou invigilância), perante seu cliente.

Os atos culposos são aqueles praticados por imprudência, negligência ou imperícia. Ocorrem quando o profissional, no exercício de suas funções, não os pratica de má-fé, mas por descuido ou aplicação indevida da legislação vigente, e vem trazer resultados diferentes dos que realmente deveriam ter sido apurados, prejudicando terceiros. Nessa hipótese, o contador responderá perante o titular da empresa, sócios, diretores, administradores etc., e estes responderão perante terceiros pelos danos causados. Será responsável ainda, junto com seu cliente, de forma solidária, por atos dolosos, perante terceiros.

Os atos dolosos são aqueles nos quais o agente quis o resultado ou assumiu o risco de produzi-lo, ou seja, atos praticados propositadamente e indevidamente, cujo resultado é esperado. Nesse caso, o contabilista responderá solidariamente com o titular da empresa, sócios, diretores, administradores e outros implicados, perante terceiros. Na eventualidade de um processo judicial, são tão responsáveis quanto o dono da empresa, tendo seu patrimônio disponível para quitar dívidas decorrentes dos atos praticados.

Dessa forma, balanços falsos e/ou simulados implicam a responsabilidade do profissional da contabilidade, junto com o administrador (o antigo gerente), por dolo. Devem compor o mesmo polo da demanda o administrador e o contador ou técnico em contabilidade, isto em todas as situações possíveis, ações na justiça cível, relativas ao direito societário/comercial, ambiental, trabalhista, previdenciário e fiscal, sem prejuízo das ações na esfera criminal.

Portanto, no exercício de suas funções, os contabilistas serão pessoalmente responsáveis perante os preponentes pelos atos culposos e, perante terceiros, solidariamente com o preponente, pelos atos dolosos.

Se, do exercício de qualquer ato do contador, resultar culposamente algum prejuízo, este responde por seus erros devendo indenizar a empresa em razão de perdas e danos morais ou materiais e lucros cessantes. Ressalte-se que os atos culposos ou dolosos praticados pelo contabilista também estão sujeitos às sanções previstas no Código Penal – caso sejam tipificadas como crimes – além daquelas previstas no Código de Ética da categoria.

Em se tratando de profissional de contabilidade não empregado, profissional autônomo, prestação de serviços (art. 593 a art. 609 do CC), a culpa de seus atos depende de prova, por parte do contratante, nos termos do Código de Defesa do Consumidor (Lei nº 8.078/1990, art. 14, § 4º, e art. 667). Comprovada a culpa, o preposto que recebeu mandato deve indenizar o preponente.

Em se tratando de profissional de contabilidade empregado, a culpa é presumível e a responsabilidade subjetiva, não se aplicando as normas do Código de Defesa do Consumidor, mas a norma contida no Código Civil pátrio. Nesse caso, é necessária a prova do dano para se buscar a indenização.

Auxiliares dependentes internos e externos

Os auxiliares dependentes internos estão subordinados diretamente ao controle da sociedade empresária ou do empresário individual, que os mantém como empregados, mediante o pagamento de salários para prestar serviço não eventual.

Os auxiliares dependentes externos são aqueles funcionários que prestam serviços ao empresário individual ou à sociedade empresária e se encontram abrangidos pela Consolidação das Leis do Trabalho. A diferença entre auxiliares dependentes internos e os externos está no fato de que os primeiros, normalmente, exercem a prestação de serviço no próprio estabelecimento do empresário, enquanto os segundos exercem externamente, ou seja, fora do estabelecimento.

São exemplos de agentes dependentes, os gerentes, os supervisores, as secretárias, as recepcionistas, os compradores, os caixas, os atendentes, os auxiliares de escritório, os balconistas, os vendedores, os propagandistas, os divulgadores, os que trabalham na linha de produção, os motoristas, os ajudantes etc., prestando serviços diretos à atividade-fim da empresa, e telefonistas, faxineiros, vigias, contadores, advogados etc., atuando nas atividades-meio. São agentes auxiliares dependentes internos ou externos, conforme exerçam suas atividades no âmbito circunscrito.

Colaboradores da empresa: auxiliares independentes

Com a onda da terceirização, muitos dos agentes auxiliares que mantinham contrato de trabalho com as empresas nas atividades--meio, hoje o fazem de modo autônomo a várias empresas ou apenas à antiga empregadora. Por questões de ordem econômica, que passam pelos custos sociais do contrato de trabalho, muitas empresas desativaram seus departamentos jurídicos, a contabilidade, serviços próprios de limpeza e vigilância e entregas de mercadoria para contratar outras empresas para o fornecimento desses mesmos serviços.

Algumas empresas, após a experiência da terceirização, que prometia redução drástica de despesas com aumento da qualidade do serviço prestado, hoje vêm retornando ao modelo antigo, por não terem obtido os resultados esperados.

Na intenção de diminuir custos, existem empresários que se valem desse artifício, para não ter de recolher as despesas sociais que incidem no contrato de trabalho (INSS, FGTS, férias, 13º etc.).

Confirmando o laço que interliga os diversos ramos do direito entre si, como vimos em textos anteriores, essa questão é regulada pelo direito do trabalho. Não podemos nos esquecer, porém, de que os atos dos agentes auxiliares no exercício de suas funções regulares obrigam a empresa, conforme o Código Civil:

Art. 932. São também responsáveis pela reparação civil:
[...]
III. o empregador ou comitente, por seus empregados, serviçais e prepostos, no exercício do trabalho que lhes competir, ou em razão dele.

Com relação aos agentes independentes, são aqueles que prestam serviço à empresa de modo autônomo, exercendo sua atividade em nome próprio, sendo eles mesmos considerados comerciantes. Esses auxiliares não se subordinam hierarquicamente ao empresário, colaborando apenas em suas relações externas. Sua atividade é considerada autônoma em relação ao sujeito de direito, não estando, por isso, vinculados à sua disciplina hierárquica. São os corretores, os leiloeiros, despachantes aduaneiros, os tradutores, os intérpretes, os trapicheiros e os representantes comerciais.

Corretor

O corretor é aquela pessoa física ou jurídica, que tem por ocupação profissional a aproximação das partes interessadas em realizar um determinado negócio, mediante pagamento denominado corretagem. É, portanto, o mediador ou intermediário de negócios, que se discutem e se concluem por sua intervenção ou por seu ofício.

Conforme a natureza da mediação ou segundo a natureza dos negócios em que intervêm, os corretores se classificam em: corretores de imóveis, corretores de mercadorias, corretores de navios, corretores de seguros, corretores da bolsa de valores. Devem os corretores estar registrados, mediante matrícula, na Junta Comercial e devem manter rigorosos registros de sua ocupação por meio de livros próprios.

Leiloeiro

Os leiloeiros são também auxiliares independentes da empresa e têm por função a venda, mediante oferta pública, de mercadorias que lhe são confiadas para esse fim.

São considerados verdadeiros consignatários ou mandatários, sendo essa a natureza de suas funções. Cabe à Junta Comercial a nomeação dos leiloeiros, que farão jus a uma comissão pelo seu trabalho, fixada em contrato escrito. Na falta de estipulação, a taxa será de 5% sobre o valor dos bens móveis e 3% dos bens imóveis. São obrigatórias a matrícula e escrituração dos seguintes livros: diário de entrada, diário de saída, contas correntes, protocolo, diário de leiloes e livro talão.

Despachante aduaneiro

Os despachantes aduaneiros são as pessoas que, devidamente habilitadas para o exercício da profissão, se incumbem, perante as repartições alfandegárias ou quaisquer outras repartições fiscais, do desembaraço de mercadorias importadas ou exportadas. O despachante é o intermediário ou aquele que intervém em nome do importador ou exportador, para regularização das exigências fiscais e desembaraço da mercadoria importada ou aquela que se destina aos outros mercados.

Tradutor

Como definido no Decreto nº 13.609/1943:

> Art. 14. É pessoal o ofício de tradutor público e intérprete comercial e não podem as respectivas funções ser delegadas sob pena de

nulidade dos atos praticados pelo substituto e de perda do ofício. Todavia, é permitido aos mesmos tradutores a indicação de prepostos para exercerem as funções de seu ofício no caso único e comprovado de moléstia adquirida depois de sua nomeação e em que deverão requerer a competente licença.

§ 1º. Tais prepostos deverão reunir as qualidades exigidas para a nomeação de tradutores, inclusive a habilitação verificada em concurso público realizado na forma prescrita no presente regulamento. Serão nomeados pelas Juntas Comerciais ou órgãos correspondentes, logo após a aprovação em concurso, sem outras formalidades além da assinatura do competente termo de compromisso.

§ 2º. Os titulares dos ofícios ficarão responsáveis por todos os atos praticados pelos seus prepostos, como se por eles próprios praticados fossem, sem prejuízo da responsabilidade criminal a que também ficam sujeitos os mesmos propostos quando houver dolo ou falsidade.

[...]

Art. 15. A nenhum tradutor público e intérprete comercial é permitido abandonar o exercício do seu ofício, nem mesmo deixá-lo temporariamente, sem prévia licença da repartição a que estiver subordinado, sob pena de multa e, na reincidência, de perda do ofício.

Art. 16. A demissão dos prepostos se dará mediante simples comunicação dos tradutores, devendo a repartição anunciar o fato por edital.

[...]

Art. 20. Os tradutores públicos e intérpretes comerciais terão jurisdição em todo o território do estado em que forem nomeados ou no Distrito Federal quando nomeados pelo presidente da República. Entretanto, terão fé pública em todo o país as traduções por eles feitas e as certidões que passarem.

Trapicheiro (administrador de trapiches)

Os trapicheiros ou administradores de trapiches devem ser matriculados na Junta Comercial. A denominação trapicheiro se atribui às pessoas que mantêm locais destinados a receber mercadorias chegadas de portos marítimos e fluviais, isto é, mercadorias importadas, ou para receber e guardar até que sejam embarcadas as mercadorias destinadas à exportação. Trapiche é o nome que se dá ao local, armazém ou depósito, em que recebem e guardam as mercadorias.

Os trapicheiros estão sujeitos à inspeção das juntas comerciais, que têm atribuições para examinar seus livros, impondo-lhes multas ou outras penalidades. O trapicheiro tem direito a uma comissão pela guarda das mercadorias que lhes são confiadas. Devem manter uma escrituração comercial e fiscal similar à dos despachantes aduaneiros.

Representante comercial (agente)

As expressões "representante comercial" e "agente comercial" designam as pessoas que se estabelecem com o negócio ou escritório de representação, destinado a fazer vendas ou negócios para outros sujeitos, que os nomeiam seus representantes ou agentes. O contrato de representação é aquele em que uma das partes obriga-se, contra retribuição, a promover habitualmente a realização por conta de outra, em determinada zona de operações mercantis, agenciando pedidos para esta.

A Lei nº 4.886/1965, alterada pela Lei nº 8.420/1992, conceitua o representante comercial de modo descritivo nos seguintes termos:

> Art. 1º. Exerce a representação comercial autônoma a pessoa jurídica ou a pessoa física, sem relação de emprego, que desempenha, em caráter não eventual por conta de uma ou mais pessoas, a mediação

para a realização de negócios mercantis, agenciando propostas ou pedidos, para transmiti-los aos representados, praticando ou não atos relacionados com a execução dos negócios.

O Código Civil (art. 710) também trata do contrato de agência, que conceitua o agenciador como

> uma pessoa [que] assume, em caráter não eventual e sem vínculos de dependência, a obrigação de promover, à conta de outra, mediante retribuição, a realização de certos negócios, em zona determinada, caracterizando-se a distribuição quando o agente tiver à sua disposição a coisa a ser negociada.

O conteúdo jurídico dos institutos é o mesmo. Divergem, tão somente, no que toca à nomenclatura adotada (rótulo da espécie contratual) e em dois únicos aspectos: o Código Civil de 2002 retira a dualidade de pessoas "jurídica" e "física" do texto da lei dos representantes comerciais, bem como a expressão "mercantil" dos negócios agenciados.

O art. 2º da Lei nº 4.886/1965 regulou a profissão e o registro obrigatório dos que exercem a representação comercial autônoma nos conselhos regionais dos representantes comerciais criados sob as especificações do Conselho Federal (art. 6º da Lei nº 4.886/1965) que atuam como órgãos de classe. Nesse diapasão, preceitua o art. 5º que "somente será devida a remuneração, como mediador de negócios empresariais, a representante devidamente registrado". Atividade similar exercida por quem não seja representante regular não receberá os benefícios da lei.

Destarte, sem embargo das opiniões diversas, a resposta sobre a questão central, qual seja, se a Lei de Representação Comercial foi revogada pelo Código Civil atual, não se alicerça a partir da possível diferenciação entre os institutos jurídicos.

A resposta, negativa, vamos encontrar na teoria geral do direito intertemporal, nos princípios e, principalmente, na Lei de Introdução ao Código Civil de 1942.

Ora, a Lei nº 4.886/1965, diversamente do art. 710 do Código Civil, não teve por objeto regular o contrato de representação comercial, mas, por outro lado, pretendeu regulamentar uma profissão, atendendo aos anseios da classe que já exercia a atividade, mesmo sem ser regulamentada. Assim, percebe-se que a Lei de Representação Comercial visou regulamentar uma profissão e, portanto, um direito constitucional (o da livre atividade econômica) e não disciplinar e tipificar uma espécie de contrato, como objetivou o Código Civil.

Embora nós, autoras, tenhamos optado por destacar representação e agência em uma mesma figura contratual, é importante destacar que há autores que distinguem esses contratos. Entendemos, todavia, que a agência seria a modalidade contratual de maior amplitude, englobando qualquer contrato firmado com pessoa que exerça a intermediação com habitualidade.

* * *

Vimos, neste capítulo, os atores da atividade empresarial, na figura do administrador da sociedade, seus sócios e colaboradores. Em sequência, no próximo capítulo, trataremos dos contratos empresariais.

5
Contratos empresariais

Neste capítulo, são apresentados os contratos empresariais nas modalidades mais usuais no ambiente corporativo, ressaltando a teoria geral dos contratos, sua base principiológica e contribuição para o desenvolvimento da atividade econômica.

Princípios que regem os contratos

1. Autonomia das vontades – Consiste na liberdade de contratar e no poder de escolher o tipo e objeto do contrato, moldando-lhe o conteúdo de acordo com os interesses a serem tutelados.
2. Princípio do consensualismo – Consiste em considerar formados os contratos mediante o simples acordo de vontades, sem qualquer solenidade, exceto quando a lei exija forma determinada.
3. Princípio da obrigatoriedade das convenções – Consiste na submissão das partes contratantes àquilo que foi livremente acordado entre elas: *pacta sunt servanda*.
4. Princípio da relatividade das convenções – Consiste em considerar que os efeitos do contrato devem permanecer circunscritos às partes contratantes, não se beneficiando nem prejudicando terceiros.

5. Princípio da boa-fé – Consiste no pressuposto de que ambas as partes estão agindo com lealdade e espírito de colaboração na redação e na interpretação das cláusulas contratuais, bem como em seu comportamento durante a execução do contrato.

Classificação dos contratos

De modo geral, os contratos podem ser classificados, isolada ou cumulativamente, como:

- unilaterais – apenas um contratante se obriga perante o outro. Exemplo: mútuo;
- bilaterais – ambos os contratantes se obrigam. Exemplo: compra e venda (existe a reciprocidade, podendo existir a exceção do contrato não cumprido – e*xceptio non adimplente contractus*);
- consensuais – perfazem-se exclusivamente pela manifestação de vontade das partes;
- reais – além do consenso, necessitam da entrega da coisa (bem);
- comutativos – possuem prestações, obrigações certas, equivalentes. Exemplo: compra e venda;
- aleatórios – ocorre incerteza quanto à futura prestação a que as partes estão obrigadas. Exemplo: seguro;
- típicos – são os disciplinados na lei. Deveres e direitos dos contratantes na lei;
- atípicos – os não disciplinados. Direitos e deveres dos contratantes mencionados no contrato;
- onerosos – ambas as partes dispensarão lucros e perdas. Os contratos comerciais/mercantis sempre serão onerosos. Exemplo: compra e venda;
- gratuitos – uma das partes limita-se a adquirir direitos, não arcando com qualquer ônus. Exemplo: doação.

Vários são os contratos que o empresário celebra e estão sujeitos a diferentes regimes jurídicos, tais como:

- direito civil;
- direito do consumidor;
- direito do trabalho;
- direito administrativo.

Objeto do contrato empresarial

Segundo Clóvis Beviláqua (apud Martins, 1996:61), entende-se por contrato o acerto com a finalidade de adquirir, resguardar ou extinguir direitos. As obrigações derivam: da lei, dos atos lícitos e dos negócios jurídicos (bilaterais e unilaterais). O negócio jurídico bilateral, por excelência, é o contrato (ajuste, convenção, pacto, transação – *contractus*, *contrahere*).

Os requisitos de validade de todos os contratos estão previstos no art. 104 do Código Civil: agente capaz, objeto lícito e forma prescrita ou não defesa em lei.

Representação comercial

A Lei Ordinária nº 4.886/1965, que disciplina a atividade de representação comercial, estabelece, em seu art. 1º, que exerce a representação comercial autônoma a pessoa jurídica (empresa) ou pessoa física (autônomo), sem relação de emprego e em caráter não eventual, que desempenha a mediação para realização de negócios mercantis – a venda. Por essa definição legal, pode-se concluir que a atividade do representante comercial se resume à simples mediação, ou seja, ele aproxima o comprador do vendedor para uma futura compra e venda de mercadorias ou serviços. Enquanto representante de uma empresa, não é seu preposto nem age em seu nome; apenas exerce a atividade de mediar a negociação com futuros compradores da mercadoria que apresenta ou divulga.

Representação comercial ou agência

- Regulamentação: Código Civil, art. 710 e seguintes, com regulação pela Lei nº 4.886/1965 (com as alterações introduzidas pela Lei nº 8.420/1992), que continua a ser aplicada, no que couber, por força do art. 721 do Código Civil.
- Conceito: contrato mediante remuneração, em que uma das partes se obriga a realizar negócios empresariais (intermediação) em caráter não eventual, em favor de outra.

    O representante não tem poderes para concluir a negociação em nome do representado, cabendo a este aprovar ou não os pedidos obtidos pelo representante, que pode ser pessoa física ou jurídica.

    O contrato de representação será sempre escrito, sendo bilateral, consensual, oneroso e típico.
- Formalidades: registro no órgão profissional (Conselho Regional de Representantes Comerciais) e também na Junta Comercial (art. 2º e art. 6º da Lei nº 4.886/1965).

O art. 27 da Lei nº 4.886/1965 determina, entre outros itens, que o contrato de representação comercial deverá conter:

a) condições e requisitos gerais da representação;
b) indicação genérica ou específica dos produtos ou artigos objeto da representação;
c) prazo certo ou indeterminado da representação,

d) indicação da zona ou zonas em que será exercida a representação;
e) garantia ou não, parcial ou total, ou por certo prazo, da exclusividade de zona ou setor de zona;
f) retribuição e época do pagamento pelo exercício da representação dependente da efetiva realização dos negócios e recebimento, ou não, pelo representado, dos valores respectivos;
g) os casos em que se justifique a restrição de zona concedida com exclusividade;
h) obrigações e responsabilidades das partes contratantes;
i) exercício exclusivo ou não da representação a favor do representado;
j) indenização devida ao representante pela rescisão do contrato fora dos casos previstos no art. 35, cujo montante não poderá ser inferior a 1/12 (um doze avos) do total da retribuição auferida durante o tempo em que exerceu a representação.

Obrigações do representante comercial

O art. 712 do Código Civil determina que o agente "deve agir com toda diligência, atendo-se às instruções do proponente". Segundo a Lei nº 4.886/1985, podemos observar como obrigações do representante, entre outras:

- obter, com diligência, pedidos de compra e venda em nome do representado, ajudando-o a expandir seu negócio e a promover seus produtos;
- observar, se prevista, a cota de produtividade;
- informar ao representado sobre o andamento dos negócios, nas oportunidades definidas em contrato ou quando solicitado;
- seguir as instruções fixadas pelo representado;

- respeitar a cláusula de exclusividade de representação, se expressamente pactuada.
- observar o dever de subordinação profissional ao representado.

Obrigações do representado

São obrigações do representado, entre outras:

- pagar a retribuição devida ao representante, assim que o comprador efetuar o pagamento ou antes, se não manifestar recusa por escrito no prazo de 15, 30, 60 ou 120 dias, conforme localização do seu domicílio (art. 32 e art. 33 da Lei nº 4.886/1965);
- respeitar a cláusula de exclusividade de zona (art. 31 da Lei nº 4.886/1965), que é considerada implícita nos contratos omissos (art. 27 da mesma lei).

Nos termos da legislação de regência (art. 720 do Código Civil e art. 34 a art. 36 da Lei nº 4.886/1965), a rescisão contratual pode ser feita em comum acordo ou provocada pela prática de ato contrário à lei e, assim, demandada tanto pelo representado quanto pelo representante.

Distribuição

Disciplinada pelo Código Civil no art. 710 e seguintes, a distribuição é o contrato em que um dos empresários (distribuidor) se obriga a promover, em caráter não eventual e sem vínculo de dependência, a realização de certos negócios por conta do outro empresário (proponente) em zona determinada e tendo em sua posse as mercadorias vendidas. É também denominada distribuição-intermediação, pois se trata de revenda. Se faltar o último requisito é contrato de agência ou representação.

Na doutrina, uns entendem ser contrato atípico, e outros, que foi disciplinado ao lado do contrato de representação comercial ou agência. Entendido como contrato atípico, não se aplicam as regras do Código Civil, pois nem sempre estarão compatíveis com sua estrutura e função econômica.

Os direitos e obrigações são estipulados em contrato, podendo ser livremente negociadas. No caso de eventual conflito, podem ser aplicadas, por analogia, as regras do contrato de concessão comercial, por estar mais próximo da distribuição-intermediação. Exemplos: distribuidoras de combustível e postos de gasolina, fábricas de cerveja e atacadistas.

Para alguns, é definida como atividade de entreposto atacadista, para revenda ou fornecimento de produtos aos varejistas ou diretamente aos consumidores, podendo ser por conta própria (revenda) ou em nome de outrem (representação ou agência).

No que se refere à exclusividade e territorialidade, estas poderão ocorrer, ou não. Segundo o art. 711 do Código Civil, consideram-se presumidas, salvo ajuste expresso.

Franquia ou *franchising*

Regulamentado no Brasil pela Lei nº 8.955/1994, teve origem no espírito empreendedor do empresário norte-americano. É um sistema de distribuição em que os direitos de uso de marca e tecnologia de negócio de uma sociedade (franqueadora) são cedidos, contratualmente, a outra (franqueada), mediante determinadas condições. Poderá ser por prazo determinado ou indeterminado.

O sistema de franquias cresceu bastante após a II Guerra Mundial, quando milhares de ex-combatentes retornaram aos EUA com grande capacidade de trabalho, mas sem capital. O *franchising* permitiu que se estabelecessem com autonomia, com negócio próprio, utilizando-se de estrutura já formada. A franquia foi definitivamente consagrada com a experiência da rede de lanchonete McDonald's, em 1955, mas desde meados do século XIX já se observavam exemplos nos Estados Unidos:

- 1860 – Singer Machine;
- 1898 – General Motors;
- 1899 – Coca-Cola.

E no Brasil:

- 1910 – Calçados Stella (Artur de Almeida Sampaio – contrato verbal);
- década de 1970 – Lojas Ducal, Mister Pizza, Yázigi, O Boticário etc.

É contrato bilateral, oneroso, comutativo de *intuitu personae*. Geralmente, um contrato de adesão. Franqueador é a pessoa jurídica que outorga sua marca, seus produtos e serviços, somente admitindo em seu negócio quem aceitar seus termos. Franqueado é a pessoa, física ou jurídica, adquirente dessa outorga.

É um contrato complexo, que compreende:

- compra e venda;
- distribuição;
- uso de marca;
- organização empresarial;
- *know how*;

- mandato;
- comissão.

Na doutrina, há dissenso sobre sua natureza, havendo quem entenda ser contrato:

- típico, por força da regulamentação pela Lei nº 8.955/1994;
- atípico, apesar da Lei nº 8.955/1994, que disciplinou alguns aspectos, pois as relações entre as partes continuam regidas exclusivamente pelas cláusulas contratuais pactuadas, tendo como objetivo a absoluta transparência nas negociações;
- híbrido (misto), pois utiliza elementos de contratos típicos e atípicos, tais como a comissão mercantil, compra e venda, concessão mercantil etc.

Obrigações do franqueado

- Pagamento da taxa de adesão.
- Remuneração sobre o faturado (*royalty*).
- Contribuição para o fundo de propaganda.
- Exclusividade.
- Subordinação às normas do franqueador.

Obrigações do franqueador

- Permitir o uso da marca (*know how*).
- Prestar serviços de organização empresarial.
- Reserva de território.
- Assistência técnica e operacional permanente na gestão do negócio.
- Oferecer a circular de oferta de franquia (COF).

Circular de oferta de franquia (COF)

Trata-se de típica obrigação pré-contratual que visa dar mais segurança às operações de franquia no que respeita ao franqueador, ao franqueado e ao negócio propriamente dito. Estabelece também valores a serem pagos e recebidos e ao território de atuação do franqueado. O art. 3º da Lei nº 8.955/1994 vai determinar quais informações devem obrigatoriamente constar do documento, por exemplo, histórico resumido do franqueador, inclusive seus balanços e demonstrações financeiras relativos aos dois últimos exercícios; descrição geral do negócio e das atividades que serão desempenhadas pelo franqueado, perfil do franqueado ideal, modelo do contrato padrão, entre outros dados

Taxas normalmente cobradas pelo franqueador

Taxa de franquia (ou taxa inicial) – Franchise fee *(art. 3º, VII, "b", da Lei nº 8.955/1994)*

Paga pelo franqueado uma única vez, quando adere à rede (em muitos casos, também por ocasião da renovação de seu contrato de franquia). Remunera o acesso inicial ao conhecimento desenvolvido e à experiência consolidada pelo franqueador, além do privilégio de passar (ou continuar) a integrar a rede de franquias que operam sob a marca do franqueador.

Como regra geral, cobre os custos com os quais o franqueador precisa arcar para colocar um franqueado em operação, como: recrutamento, seleção e treinamento do franqueado (em alguns casos também de sua equipe), confecção e entrega dos manuais de operação da franquia, apoio ao franqueado na escolha do ponto comercial, orientação quanto aos equipamentos, estoques, insumos e outros bens e serviços que o franqueado deverá adquirir e outros benefícios mais.

Taxa de royalties *(art. 3º, VIII, "a", da Lei nº 8.955/1994)*

Paga, em geral, mensalmente, essa taxa remunera o acesso continuado, por parte de cada franqueado, aos benefícios que lhe resultam do fato de integrar uma rede de negócios padronizados e aos serviços oferecidos pelo franqueador. Exemplos de benefícios que um franqueado pode esperar como consequência de integrar uma rede de franquias bem estruturada: compras (ou negociações) centralizadas, treinamento ou reciclagens constantes, orientação em questões comuns a toda a rede e *networking*, ou seja, a possibilidade de estar constantemente trocando ideias e experiências com seus pares, a respeito de todos os aspectos da operação e gestão de seus negócios.

Normalmente, os *royalties* são calculados com base na aplicação de certo percentual sobre o faturamento bruto mensal de cada franquia. Alguns franqueadores, para efeito de cobrança dos *royalties*, deduzem do montante bruto apurado na operação da franquia os impostos diretos efetivamente devidos ou pagos pelo franqueado em função desse faturamento, calculando a taxa sobre o que se convencionou chamar de faturamento líquido. Há, ainda, franqueadores que adotam outros critérios para a definição da taxa de *royalties*.

Taxa de publicidade e propaganda (art. 3º, VIII, "c", da Lei nº 8.955/1994)

Valor pago (em geral mensalmente) pelos franqueados (normalmente com base no respectivo faturamento, bruto ou líquido, conforme o caso e de acordo com o mesmo critério para a cobrança da taxa de *royalties*) e destinado à criação e manutenção de um fundo cooperativo de propaganda e marketing da rede. Geralmente, as unidades próprias, operadas pelo franqueador, contribuem para o fundo, pagando a mesma taxa também paga pelas franquias. Esse fundo possibilita desenvolver, de forma cooperativada, meios para divulgar os produtos ou serviços comercializados pelas franquias, sendo um dos grandes benefícios proporcionados pelo fato de se pertencer a uma rede bem estruturada.

Alguns exemplos de franquia praticados no mercado

Quadro 1
Exemplos de franquias

Nome	Segmento	Ramo	Nome	Segmento	Ramo
Arezzo	Comércio varejista	Calçados e bolsas	Rei do Matte	Alimentação	Café e outros
Bob's	Alimentação	Sanduíches	Wizard	Serviços	Idiomas
Casa da Empada	Alimentação	Doces e salgados	Cultura Inglesa	Serviços	Idioma
Casa do Pão de Queijo	Alimentação	Pão de queijo	Pizzamille	Alimentação	Pizzas e massas
China In Box	Alimentação	Comidas típicas	O Boticário	Cosméticos	Perfumaria
Good Good	Alimentação	Pizzas e massas	McDonald's	Alimentação	Sanduíches
Kibon Soft Ice	Alimentação	Sorvetes	La Mole	Alimentação	Restaurante
Kopenhagen	Alimentação	Chocolates			

Faturização ou *factoring*

Consiste na organização de um sistema de financiamento de empresas médias e pequenas, por meio de assunção de direitos sobre créditos resultantes de suas operações de faturamento.

Factoring ou faturização é o ajuste por meio do qual um comerciante cede a outrem os créditos correspondentes às suas atividades, total ou parcialmente, recebendo, em contrapartida, remuneração consistente em desconto sobre os respectivos valores, com os juros correspondentes.

Representa verdadeira alienação ou venda do faturamento. Embora encontrem-se traços do instituto no direito romano, é um contrato que tem origem recente na prática comercial dos EUA, tendo se desenvolvido largamente na Europa.

É contrato bilateral, consensual, comutativo, oneroso e atípico. Estrutura-se, fundamentalmente, em regras doutrinárias, jurisprudenciais e administrativas.

Pode ser exercido por qualquer sociedade comercial, tratando-se de um elemento de fomento comercial e mercadológico.

Obrigações do faturizador (*factor* ou cessionário)

- Garantir os créditos.
- Administrar os créditos da faturizada, opinando sobre devedores duvidosos e providenciando cobrança.
- Financiar o faturizado, daí porque a faturização apresenta aspecto de operação bancária.

O *factor* ou faturizador subroga-se nos direitos creditícios do cedente, por força dos princípios do endosso ou da cessão civil de crédito.

A principal diferença entre *factoring* e desconto bancário é que, no segundo, em caso de inadimplência do devedor do título descontado, o banco tem o direito de cobrar do endossante o valor não pago (direito de regresso). No *factoring*, ao contrário, tem-se entendido que o faturizador não tem o direito de regresso contra o cedente do título, assumindo todo o risco da operação em caso de não pagamento do título.

O contrato poderá ser por prazo determinado ou indeterminado. O faturizado deverá pagar a comissão.

Trata-se de contrato complexo, compondo-se, prioritariamente, de elementos da cessão de crédito da comissão mercantil, prestação de serviços.

O risco do *factoring* é do faturizador, que deve se encarregar da análise dos cuidados adotados pela empresa (e seus clientes) com a qual realiza a operação.

O instituto permite alargamento de atividades do faturizador, em especial, na prestação de serviços às pequenas e médias empresas e não somente a operação de desconto (como efetuada pelos bancos), apresentando vantagens em relação ao custo.

A faturização, atualmente, não é considerada uma operação bancária, sendo limitados os juros compensatórios a 1% (um por cento) ao mês, permitindo às *factorings* operar com taxa de juro e desconto inferiores às da rede bancária, em cujos contratos ocorrem maiores custos. Destaque-se, todavia, que há forte corrente doutrinária que vê no *factoring* uma operação bancária.

Alexandre Góes (2017), diretor de Meios de Pagamentos da TrustHub, especializada na antecipação de recebíveis às PMEs (pequenas e médias empresas), em matéria veiculada no Portal do Fomento, afirma que, com a utilização do *factoring*, micro, pequenas e médias empresas podem conseguir crédito imediato, sem risco, para investir em máquinas, infraestrutura e principalmente na contratação de profissionais.

Modalidades

a) Com antecipação – *conventional factoring* (*old line factoring*): o *factor* garante o pagamento das faturas, antecipando seu valor ao faturizado.

b) Sem antecipação – *maturity factoring*: o *factor* paga o valor das faturas apenas no vencimento.

Dever de sigilo

Apesar de não serem instituições financeiras, as faturizadoras devem manter sigilo sobre suas operações (art. 1º, § 2º, da LC nº 105/2001).

Arrendamento mercantil ou *leasing*

Leasing financeiro

O termo *leasing* é o particípio substantivado do verbo *"to lease"* (alugar, arrendar) na língua inglesa.

Podemos encontrar as características do contrato de *leasing* remontando à Antiguidade Clássica. Cidades gregas antigas utilizavam essa forma para explorar as minas de ouro e prata das cidades de Thaos e Laurium.

O arrendamento mercantil surgiu nos Estados Unidos, nos idos de 1700, pelos colonos ingleses. Durante a II Guerra Mundial, o governo americano, por meio do Lend and Lease Act, utilizou tal contrato para empréstimos de equipamentos bélicos sob a condição de, finda a guerra, eles serem adquiridos ou devolvidos.

Em 1960, foi introduzido na Inglaterra e, logo após, na França, Itália, Bélgica e Alemanha, alastrando-se pelo mundo negocial. No Brasil, o tratamento tributário do *leasing* foi conferido pela Lei nº 6.099/1974.

Trata-se de contrato consensual, atípico, bilateral, oneroso e comutativo. Nas palavras de Carlos Alberto Bittar (2003:99):

No leasing financeiro, ou puro, especializa-se a instituição na atividade de aquisição de bens de certos fabricantes, para colocação no mercado pelo sistema exposto, funcionando essa intermediação como impulsionadora das vendas dos produtos visados. Porque constitui ação de financiamento, é privativa das instituições do setor, sociedades anônimas que se sujeitam a controle próprio, em que se destaca a fiscalização do Banco Central, no qual se devem registrar. Exige-se-lhes departamento técnico especializado nas operações de leasing, ficando ademais as empresas subordinadas às regras próprias da lei que regula as instituições financeiras (Lei nº 4.595, de 31.12.64), inclusive o requisito de capital mínimo.

A Lei nº 6.099/1974, em seu art. 1º, parágrafo único, definiu o arrendamento mercantil como

> o negócio jurídico realizado entre pessoa jurídica, na qualidade de arrendadora, e pessoa física ou jurídica na qualidade de arrendatária e que tenha por objeto o arrendamento de bens adquiridos pela arrendadora, segundo especificações da arrendatária e para uso próprio desta.

Trata-se de contrato mediante o qual um agente, pretendendo utilizar coisa móvel ou imóvel, faz com que a instituição financeira (ou especializada) o adquira, alugando-o posteriormente a ele por prazo certo, permitindo-lhe, ao final, que opte entre a devolução do bem, a renovação do contrato ou a compra pelo preço residual, conforme estabelecido.

O arrendamento mercantil, portanto, é formado por um complexo de relações negociais nas quais podemos identificar claramente a locação, promessa de compra e venda, mútuo, financiamento e mandato.

O contrato de *leasing* envolve três agentes: o arrendante ou arrendador, o arrendatário e o fornecedor do bem. Vejamos as características principais de cada um:

- o arrendante é a empresa de *leasing*, com atuação financeira. Deve ter autorização do Banco Central do Brasil para funcionamento;
- arrendatário é o sujeito que, tendo necessidade de um bem móvel ou imóvel, dele se utiliza nessa modalidade;
- fornecedor é o terceiro envolvido no negócio. Trata-se do alienante do bem encomendado pelo arrendatário ao arrendante

O contrato de *leasing* tradicional ou financeiro possui cláusula possibilitando tríplice escolha pelo arrendatário, isto é:

- a compra pelo valor residual;
- a renovação do contrato;
- a devolução do bem.

Em princípio, o arrendante não pode pôr fim ao contrato antes do termo. O *leasing* financeiro é o mais utilizado em nosso país. Nessa modalidade a finalidade de financiamento é explícita. Em nosso sistema, o arrendador será sempre a sociedade ligada ao sistema financeiro.

Prazo mínimo:

- dois anos para bens com vida útil inferior a cinco anos;
- três anos para bens com vida útil superior a cinco anos;
- dois anos para veículos.

O valor residual (VR) é considerado não expressivo, ou seja, representa menos de 25% do valor do bem arrendado. O valor residual garantido (VRG) é possível apenas no *leasing* financeiro.

Configura-se o VRG quando o VR é pago antecipadamente, em geral diluído nas parcelas do arrendamento. O arrendador obriga-se a restituí-lo caso o arrendatário opte pela não aquisição do bem.

Segundo o Superior Tribunal de Justiça, na Súmula nº 293, "A cobrança antecipada do valor residual garantido (VRG) não descaracteriza o contrato de arrendamento mercantil". Mesmo com o VRG, prevalecem as opções de compra do bem, devolução do bem (com restituição do VRG) e prorrogação do contrato, não se descaracterizando o *leasing*.

Dispõe a Resolução do Banco Central nº 2.309, de 28 de agosto de 1996, em seu art. 5º, que:

> Considera-se arrendamento mercantil financeiro a modalidade que:
> I - as contraprestações e demais pagamentos previstos no contrato, devidos pela arrendatária, sejam normalmente suficientes para que a arrendadora recupere o custo do bem arrendado durante o prazo contratual da operação e, adicionalmente, obtenha um retorno sobre os recursos investidos;
> II - as despesas de manutenção, assistência técnica e serviços correlatos à operacionalidade do bem arrendado sejam de responsabilidade da arrendatária;
> III - o preço para o exercício da opção de compra seja livremente pactuado, podendo ser, inclusive, o valor de mercado do bem arrendado.

Lease back

O *lease back* (de retorno) é utilizado como instrumento de obtenção de capital pelas empresas. Funciona como o arrendamento financeiro, mas prescinde da figura do fornecedor, uma vez que o bem (objeto do contrato) pertence ao arrendatário.

O bem será desmobilizado do ativo do arrendatário, pois é este quem vende o bem ao arrendante, para depois tomá-lo em *leasing*. O objetivo é permitir aos empresários a transformação dos seus ativos fixos em capital de giro.

Leasing operacional

Esta modalidade consiste em uma operação privativa dos bancos múltiplos com carteira de arrendamento mercantil e das sociedades de arrendamento mercantil.

A manutenção e a assistência técnica podem ser de responsabilidade da arrendadora ou da arrendatária.

Nos dizeres de Arnaldo Rizzardo (2000:38), esse tipo de arrendamento mercantil é

conhecido também como *renting* [e] expressa uma locação de instrumentos ou material, com cláusula de prestação de serviços, prevendo a opção de compra e a possibilidade de rescisão a qualquer tempo, desde que manifestada esta intenção com uma antecedência mínima razoável, em geral fixada em trinta dias.

Dispõe a Resolução do Banco Central nº 2.309, de 28 de agosto de 1996, em seu art. 6º, que:

Considera-se arrendamento mercantil operacional a modalidade que:
I - as contraprestações a serem pagas pela arrendatária contemplem o custo de arrendamento mercantil do bem e os serviços inerentes a sua colocação à disposição da arrendatária, não podendo o total dos pagamentos das espécies ultrapassar 75% (setenta e cinco por cento) do custo do bem arrendado;

II - as despesas de manutenção, assistência técnica e serviços correlatos à operacionalidade do bem arrendado sejam de responsabilidade da arrendadora ou da arrendatária;

III - o preço para o exercício da opção de compra seja o valor de mercado do bem arrendado.

O *leasing* se apresenta como uma importante alternativa de financiamento. Como exemplo, podemos citar a aquisição da Apolo Transporte (empresa especializada no transporte de produtos químicos, carga líquida e sólida) de 15 caminhões TGX, via *leasing* operacional da MAN Latin América, com a intermediação do Banco VW, com a previsão de manutenção total dos veículos (matéria veicula *online* em *Automotive Business*, em 27 de novembro de 2017).

Self leasing

Também chamado de *leasing* impróprio, é a situação em que uma empresa vende bens para outra sociedade que pertence ao mesmo grupo econômico, que irá arrendá-los à sociedade que os alienou.

A legislação só permite a venda e arrendamento de bens entre sociedades do mesmo grupo econômico, nos casos de *leasing* financeiro, em que necessariamente há a figura de uma instituição financeira como arrendante.

O *self leasing* não tem amparo pela Lei nº 6.099/1974, que o exclui de seus benefícios fiscais, no *caput* do art. 2º:

> Não terá o tratamento previsto nesta Lei o arrendamento de bens contratado entre pessoas jurídicas direta ou indiretamente coligadas ou interdependentes, assim como o contratado com o próprio fabricante.

Verificamos, também, que o art. 13 do anexo I da Resolução nº 2.309/1996, do CMN, proíbe expressamente a contratação de *self leasing*, à exceção do *leasing* financeiro:

> Art. 13. As operações de arrendamento mercantil contratadas com o próprio vendedor do bem ou com pessoas a ele coligadas ou interdependentes somente podem ser contratadas na modalidade de arrendamento mercantil financeiro, aplicando-se a elas as mesmas condições fixadas neste Regulamento.

Tal proibição existe em razão da possibilidade de imobilização de capital evitando o pagamento de tributos.

Alienação fiduciária

É um contrato típico, bilateral, oneroso, acessório e formal que tem suas raízes encontradas no direito romano, por meio do qual uma das partes, denominada credor (fiduciário) adquire a propriedade resolúvel de um determinado bem e sua posse indireta, sob condição resolutiva, como garantia de um financiamento concedido ao devedor (fiduciante), que o reaverá (em sua plenitude) quando saldar a dívida.

Nas palavras de André Ramos (2017:643):

> A alienação fiduciária em garantia é um contrato instrumental em que uma das partes, em confiança, aliena a outra a propriedade de um determinado bem, móvel ou imóvel, ficando esta parte (uma instituição financeira, em regra) obrigada a devolver àquela o bem que lhe foi alienado quando verificada a ocorrência de determinado fato.

O contrato de alienação fiduciária é instrumento para a constituição da propriedade fiduciária (modalidade de garantia real).

O instituto foi introduzido pela Lei nº 4.728/1965, que estruturou o mercado de capitais, tendo recebido contornos definitivos com o Decreto-Lei nº 911/1969.

Surgiu para maior garantia dos contratos de financiamento, ampliando o campo de atuação das instituições financeiras, reduzindo seus custos e riscos de inadimplência.

Com a alienação fiduciária, o credor fiduciário goza da condição de proprietário do bem alienado pelo devedor fiduciante. Esse credor não é proprietário pleno, mas detém a propriedade resolúvel, nos termos do art. 1.359 do Código Civil.

Pago o preço, opera-se a resolução da propriedade, que passa a ser plena para o devedor fiduciante.

A finalidade da alienação fiduciária é o crédito, e não a aquisição; por isso, somente as instituições financeiras, e por extensão as administradoras de consórcios, estão legitimadas a figurar como adquirente fiduciário nessa modalidade contratual típica. Na alienação fiduciária ocorre a tradição ficta da coisa.

É sempre um contrato-meio para a realização de um negócio-fim. São três figuras: o vendedor, a financeira e o comprador.

No momento em que a financeira paga ao vendedor, ele sai da relação, restando apenas o credor fiduciário (financeira) e o devedor alienante (fiduciante).

Surge um vínculo entre o credor e o devedor, de natureza obrigacional e contratual, na medida em que se assinará um contrato de mútuo conjugado com um contrato de alienação fiduciária em que o comprador se compromete a pagar um determinado valor ao credor.

Esse contrato é um título executivo extrajudicial. A financeira deve exigir uma garantia, consistente no próprio bem objeto do contrato.

O alienante/devedor/fiduciante, então, transfere a propriedade do bem ao credor, que adquire uma propriedade resolúvel. Nesse momento, ocorrerá o desdobramento da posse. Ao devedor restará a posse direta e ao credor a posse indireta.

A alienação fiduciária é constituída por contrato, não precisando ser necessariamente por instrumento público. No caso do automóvel, faz-se necessário o registro no Detran. A finalidade precípua desse registro não é dar oponibilidade *erga omnes*, mas uma finalidade administrativa, de controle dos carros, de polícia administrativa.

São partes:

- credor/fiduciário/mutuante – tem posse indireta;
- devedor/ fiduciante/ mutuário – tem posse direta + expectativa de domínio.

A lei não proíbe que qualquer pessoa física venha figurar no polo ativo como credor, mas o Supremo Tribunal Federal (STF) formou jurisprudência no sentido de que, por ter o contrato de alienação fiduciária proporção tal que afeta a economia popular, hoje somente podem figurar no polo ativo instituições autorizadas expressamente pelo Banco Central.

Se houver inadimplemento do devedor, abrem-se ao credor quatro possibilidades consagradas na lei:

a) a alienação da coisa para haver o preço do débito em aberto – se esta lhe for efetivamente entregue pelo devedor (art. 66, § 4º, e art. 2º do Decreto-Lei nº 911/1969);

b) ação de busca e apreensão – que autoriza a apreensão liminar (art. 3º do Decreto-Lei nº 911/1969);

c) ação de depósito em que foi convertida a ação antecedente de busca e apreensão, na qual não foi o bem encontrado;

d) ação executória (art. 5º do Decreto-Lei nº 911/1969) pelo qual pode o credor optar, se lhe for mais conveniente, para a cobrança de eventual saldo em aberto (art. 66, § 5º, do Decreto-Lei nº 911/1969).

Na hipótese da venda do bem pelo credor por um valor aquém do seu crédito, o devedor pode intentar uma ação para cobrar o valor remanescente? Não há liquidez desse valor, e ele somente poderia ser cobrado pela via executiva se fosse líquido, por exemplo, quando tiver sido leiloado, quando houver uma avaliação com a concordância do devedor. Assim, somente poderá o credor cobrar tal valor por meio de ação de cobrança.

O STJ admite que se mova ação monitória.

Não é possível ao credor ficar com a coisa alienada, no caso de a dívida não ser paga até o vencimento. O art. 1.365 do Código Civil trata do "pacto comissório", no qual é declarada a nulidade nesse caso: "É nula a cláusula que autoriza o proprietário fiduciário a ficar com a coisa alienada em garantia, se a dívida não for paga no vencimento".

A Lei nº 9.514/1997 dispõe sobre o sistema de financiamento imobiliário, tratando da alienação fiduciária de coisa imóvel. O art. 22 dispõe:

> A alienação fiduciária regulada por esta Lei é o negócio jurídico pelo qual o devedor (ou fiduciante), com o escopo de garantia, contrata a transferência ao credor, ou fiduciário, da propriedade resolúvel de coisa imóvel.

A mesma lei dispõe, em seu art. 23: "Constitui-se a propriedade fiduciária de coisa imóvel mediante registro, no competente Registro de Imóveis, do contrato que lhe serve de título". Nesse sentido, o efeito real da alienação fiduciária sobre bens imóveis só será obtido mediante o registro do contrato no cartório de registro de imóveis competente.

* * *

Analisamos, neste capítulo, as mais usuais modalidades contratuais no ambiente negocial. Em seguida, no próximo capítulo, trataremos da empresa e sua clientela pela ótica consumerista.

6
Empresa e sua clientela: produtos e serviços pela ótica do Código de Defesa do Consumidor

Este capítulo trata da empresa nas relações de consumo decorrentes das operações *business-to-business* (B2B) e *business-to-consumer* (B2C), pontuando a visão do mercado para a relação entre fornecedor e consumidor diante das novas práticas de venda.

Relação jurídica de consumo

A Constituição Federal determina que a ordem econômica deve observar, como princípio, a proteção ao consumidor. Assim, a defesa e proteção do consumidor possui amparo jurídico constitucional, promovido pela legislação infraconstitucional, advindo do Código de Defesa do Consumidor.

Sendo assim, o ordenamento jurídico brasileiro tutela o consumidor de modo a lhe proporcionar segurança jurídica diante das relações que envolvem o consumo. Desde a edição, em 1990, da Lei nº 8.078, conhecida como Código de Defesa do Consumidor (CDC), o Brasil se tornou uma das referências em proteção àquele que assume a posição de consumidor em uma relação de consumo.

O Código de Defesa do Consumidor surge como um mecanismo necessário à proteção jurídica do consumidor, que se encontra numa posição de vulnerabilidade técnica ante o desconhecimento em relação à cadeia de produção, comercialização, marketing e distribuição que circunda as relações de consumo.

A população brasileira se enquadra em um histórico ascendente de consumismo. O Brasil, desde sua colonização, em que se enquadrava como colônia de produção/exportação, estava focado apenas na produção e exportação de bens naturais, como café, açúcar, banana e minérios. Assim, era essencial a aquisição dos demais produtos necessários à vida, que não eram produzidos em terras brasileiras.

O Brasil, ao longo de sua história, se tornou um grande centro de consumo de produtos importados, cujos altos valores e produtividade nem sempre correspondiam às expectativas. Havia uma baixa qualidade dos produtos comercializados apesar da alta demanda e montes desembolsados pela população brasileira, em virtude da necessidade de importação dos produtos ou da quantidade insuficiente dos bens produzidos em terras nacionais.

Nas décadas de 1970/80, inicia-se um fomento aos setores produtivos brasileiros. Dessa forma, tenta-se reduzir a importação e, consequentemente, tornar o país autônomo em relação à grande maioria dos bens de consumo. Com intuito de evitar que os novos bens produzidos no Brasil não adotassem os mesmos padrões do passado, desenvolveu-se uma legislação específica, capaz de garantir ao consumidor uma proteção trazida pelo ordenamento jurídico.

Nesse cenário, surge o CDC, que parte do pressuposto de que o consumidor é um hipossuficiente técnico e assume uma posição de vulnerabilidade em relação ao produtor ou comerciante dos bens adquiridos. Por essa razão, torna-se necessária a proteção pelo ordenamento jurídico para conferir-lhe segurança jurídica e, por consequência, estimular o próprio consumo, que, por sua vez, fomentará a própria produtividade.

Objetiva-se, portanto, uma situação em que tanto o consumidor quanto o setor produtivo estejam em posição de vantagem. O consumidor ganha a proteção jurídica de que seus bens terão um padrão mínimo de qualidade e durabilidade. Em caso de descumprimento, terão a proteção do ordenamento jurídico. Na outra ponta, o comerciante e o produtor, à medida que se ajustam ao disposto na lei, terão um maior número de consumidores que optarão por seus produtos.

Atualmente, pode-se afirmar que existe uma nova onda sobre o direito do consumidor, tendo em vista que não existe apenas a preocupação com a qualidade ou a durabilidade dos produtos.

O consumidor contemporâneo está adquirindo uma consciência em relação ao consumo. Vivenciamos o início de um novo padrão de consumidor, o consumidor consciente, e as empresas devem estar orientadas para a responsabilidade social empresarial.

Normalmente, o legislador evita introduzir conceitos no texto legal, deixando essa tarefa à doutrina. Entretanto, o Código de Defesa do Consumidor, com escopo de evitar manobras e divagações capazes de permitir lesão ao consumidor, adota as seguintes definições:

- Consumidor "é toda pessoa física ou jurídica que adquire ou utiliza produto ou serviço como destinatário final" (art. 2º do CDC).
- Consumidor por equiparação. A lei o equipara ao conceito de consumidor, podendo com isso o agente se valer das proteções das regras consumeristas.

Art. 2º. [...]
Parágrafo único. Equipara-se a consumidor a coletividade de pessoas, ainda que indetermináveis, que hajam intervindo nas relações de consumo.
[...]

Art. 17. Para os efeitos desta Seção, equiparam-se aos consumidores todas as vítimas do evento [dano causado por defeitos relativos à prestação dos serviços, bem como por informações insuficientes ou inadequadas sobre sua fruição e riscos].
[...]
Art. 29. Para os fins deste Capítulo [práticas comerciais] e do seguinte [proteção contratual], equiparam-se aos consumidores todas as pessoas determináveis ou não, expostas às práticas nele previstas.

- Fornecedor
é toda pessoa física ou jurídica, pública ou privada, nacional ou estrangeira, bem como os entes despersonalizados, que desenvolve atividades de produção, montagem, criação, construção, transformação, importação, exportação, distribuição ou comercialização de produtos ou prestação de serviços [art. 3º do CDC].
- Produto "é qualquer bem, móvel ou imóvel, material ou imaterial" (art. 3º, § 1º, do CDC).
- Serviço
é qualquer atividade fornecida no mercado de consumo, mediante remuneração, inclusive as de natureza bancária, financeira, de crédito e securitária, salvo as decorrentes das relações de caráter trabalhista [art. 3º, § 2º, do CDC].

Em relação ao conceito de fornecedor, é necessário destacar que a palavra "atividade" do art. 3º do CDC traduz-se no significado de que todo produto ou serviço prestado deverá ser efetivado de forma habitual, vale dizer, de forma profissional ou comercial.

É possível verificar que restará caracterizada a relação de consumo sempre que, de acordo com os conceitos mencionados, tivermos um consumidor que adquire um produto ou uma prestação de serviços de um fornecedor. Devemos ter em mente que o empresário e a sociedade empresária podem estar enquadrados tanto na posição de consumidor quanto na de fornecedor, embora sejam vislumbrados na maior parte das vezes, como fornecedor. Isso porque o consumidor é aquele que adquire um produto como destinatário final. Assim, quando o empresário ou a sociedade empresária adquire produtos ou serviços para consumo próprio, se enquadra como consumidor.

Pode-se identificar a natureza jurídica da relação de consumo como uma relação jurídico-obrigacional que estabelece um elo entre consumidor e fornecedor, em que seu objeto consiste em fornecimento de produto ou prestação de serviço. Conforme verificado, o CDC possui como objetivo resguardar o consumidor de forma preventiva ou repressiva, se houver descumprimento, tanto nas fases contratuais quanto nas fases pré e pós-contratuais. Compete ainda ao CDC resguardar as hipóteses extracontratuais, em que a proteção ao consumidor aplica-se ainda que não se trate de um consumidor *standard*, ou seja, uma das vítimas do evento.

O direito do consumidor é considerado um microssistema legal. Dessa forma, é composto por uma série de princípios, cujos principais serão elencados a seguir: princípio de dignidade da pessoa humana; princípio da igualdade; princípio da vulnerabilidade; princípio da proteção; princípio da informação; princípio da transparência e princípio da boa-fé objetiva.

A dignidade da pessoa humana se reflete como um princípio aplicável ao CDC, tendo em vista que sua proteção e defesa são um dos corolários dessa própria dignidade, como elemento essencial. Pelo princípio da igualdade, o direito do consumidor, por meio do CDC, deve assegurar a proteção do consumidor para equilibrar a relação de desigualdade entre as partes (consumidor e fornecedor).

O consumidor se encontra em uma posição vulnerável porque não possui o conhecimento técnico necessário para disputar em igualdade de condições com o fornecedor. Assim, o princípio da vulnerabilidade consiste em reconhecer a fragilidade do consumidor frente ao fornecedor. Consequentemente, surge o princípio da proteção, tendo em vista que o consumidor se encontra em posição de vulnerabilidade e necessita do resguardo do ordenamento jurídico, previsto inicialmente na Lei nº 8.078/1990.

O princípio da informação estabelece que o consumidor deve ter acesso à informação de forma clara, adequada e eficiente para que possa decidir sobre um produto ou a prestação de um serviço. Vinculado ao princípio da informação, encontra-se o princípio da transparência, segundo o qual o fornecedor possui o dever de informar de modo adequado, sem a supressão ou omissão de qualquer informação em relação ao produto ou prestação de serviço, para que o consumidor possa ter a livre escolha de sua decisão.

Já o princípio da boa-fé objetiva consiste em uma regra de conduta que reflete um dever entre as partes em suas relações, pautada na lealdade, honestidade e transparência. Trata-se de um princípio basilar do CDC, em que as partes devem se comportar de forma que sua conduta seja leal, honesta, transparente e não viole as expectativas da outra parte.

Responsabilidade pelo fato e vício do produto ou serviço

Quando o consumidor adquire um produto ou contrata um serviço, tem a pretensão de que esses se apresentem com um nível de qualidade suficiente para atender a suas expectativas e, consequentemente, que não lhe causem nenhum tipo de problema. Contudo, por uma série infindável de razões – entre elas a produção em massa – alguns desses chegam ao mercado com defeitos que impedem sua efetiva utilização, impõem uma utilização parcial ou, ainda, provocam algum tipo de dano à integridade física, patrimonial ou à saúde do consumidor. Esses defeitos ou acidentes de consumo são os denominados vícios ou fatos do produto. Nesse cenário, é importante saber qual o agente responsável para reparar o dano causado ao consumidor.

Responsabilidade civil objetiva e subjetiva do fornecedor

Sérgio Cavalieri Filho (2014:54), a respeito da distinção entre obrigação e responsabilidade, afirma que a "obrigação é sempre um dever jurídico originário; responsabilidade é um dever jurídico sucessivo, consequência da violação do primeiro". Ilustra o jurista:

> Se alguém se compromete a prestar serviços profissionais a outrem, assume uma obrigação, um dever jurídico originário. Se não cumprir a obrigação (deixar de prestar os serviços), violará o dever jurídico originário, surgindo daí a responsabilidade, o dever de compor o prejuízo causado pelo não cumprimento da obrigação [Cavalieri Filho, 2014:54].

Em síntese, em toda obrigação há um dever jurídico originário, enquanto na responsabilidade há um dever jurídico sucessivo.

Nesse sentido, o Código de Defesa do Consumidor estabeleceu obrigações para o justo equilíbrio na relação de consumo, imputando responsabilidades na hipótese de descumprimento das obrigações consignadas na legislação consumerista.

O CDC elenca uma relação completa de causas de exclusão de responsabilidades (art. 12, § 3º, e art. 14, § 3º), buscando assim não permitir que a parte obrigada a entregar o produto ou prestar o serviço possa eximir-se da sua responsabilidade, inventando outras causas de exclusão que o desobrigariam de indenizar quem sofreu o dano. Seguem os dispositivos citados neste parágrafo com as causas que excluem a responsabilidade do fornecedor por falhas ou erros no produto ou serviço, ou seja, desobrigam o fornecedor de indenizar o consumidor:

> Art. 12. [...]
> § 3º. O fabricante, o construtor, o produtor ou importador só não será responsabilizado quando provar:
> I - que não colocou o produto no mercado;
> II - que, embora haja colocado o produto no mercado, o defeito inexiste;
> III - a culpa exclusiva do consumidor ou de terceiro.
> [...]
> Art. 14. [...]
> § 3º. O fornecedor de serviços só não será responsabilizado quando provar:
> I - que, tendo prestado o serviço, o defeito inexiste;
> II - a culpa exclusiva do consumidor ou de terceiro.

Consigna o CDC a responsabilidade civil objetiva do fabricante, construtor, produtor, importador e prestadores de serviços, independentemente da existência de culpa, pela reparação dos danos causados aos consumidores por defeitos nos produtos/serviços ofertados ao mercado de consumo (art. 12 e art. 14 do CDC).

Na responsabilidade objetiva não é necessária a demonstração subjetiva da culpa. Em outras palavras: mesmo não tendo agido com culpa (imprudência, negligência ou imperícia) e, assim, provocado o defeito conscientemente – e, por via de consequência, o dano ao consumidor –, o fornecedor deve indenizar os prejuízos que seus produtos e serviços venham causar a quem os adquiriu. Logo, basta que alguém comprove que em razão de um produto ou serviço recebido sofreu certo dano para que quem o forneceu seja obrigado a indenizar.

É relevante consignar, acerca dos profissionais liberais, que o Código do Consumidor não atribuiu a responsabilidade objetiva, mas subjetiva, ou seja: "A responsabilidade pessoal dos profissionais liberais será apurada mediante a verificação de culpa" (art. 14, § 4º). Assim, na responsabilidade subjetiva é necessária a comprovação de culpa (provocou o dano sem intenção, mas em razão de imprudência, negligência ou imperícia) ou dolo (provocou o dano com intenção) do agente causador do prejuízo. Por exemplo, se ao fim de um tratamento médico ou cirurgia o paciente vem a óbito, o médico somente será obrigado a indenizar seus familiares se esses provarem a culpa ou dolo do profissional. O mesmo se aplica a advogados, dentistas, contadores e aos demais profissionais liberais.

A responsabilidade pelo fato do produto e do serviço

O Código do Consumidor atribui a quem fornece um produto ou serviço defeituoso a obrigação de reparação dos danos causados aos consumidores. É a chamada responsabilidade objetiva, prevista nos art. 12 e art. 14, que expressam o dever do fornecedor indenizar "independentemente da existência de culpa", como já comentamos no tópico anterior.

O CDC distingue as responsabilidades por danos causados aos consumidores em duas espécies:

- responsabilidade pelo fato do produto ou serviço – são os denominados "acidentes de consumo", em que o bem jurídico protegido é a própria pessoa do consumidor ou terceiros que tenham sofrido a lesão;
- responsabilidade pelos vícios dos produtos ou serviços, em que a proteção jurídica é direcionada para a vício de qualidade e quantidade, quer seja do produto ou do serviço.

Com efeito, a terminologia "responsabilidade pelo fato do produto ou serviço" é utilizada quando ocorre um acidente de consumo com dano ao consumidor ou a terceiros, por exemplo, o refrigerante que explode nas mãos do consumidor, ocasionando uma lesão em seus dedos. Nesse caso, o defeito extrapola a esfera do produto ou do serviço prestado e atinge a incolumidade física ou psíquica do consumidor ou de um terceiro e gera um dano passível de indenização.

Portanto, a responsabilidade é do "fabricante, produtor ou construtor nacional ou estrangeiro ou importador do produto", independentemente da existência de culpa,

> pela reparação dos danos causados ao consumidor por defeitos decorrentes de projeto, fabricação, construção, montagem, fórmulas, manipulação, apresentação ou acondicionamento de seus produtos, bem como por informações insuficientes ou inadequadas sobre sua utilização e riscos [art. 12 do CDC].

O intermediador do produto, ou seja, o empresário que atua no ramo do varejo, agindo com o repasse da mercadoria, a princípio, não será responsável pelo dano causado ao consumidor. Isso porque a responsabilidade sobre o fato do produto/serviço atua no campo da produção do bem. No entanto, há casos em que o intermediador – por exemplo, o varejista – terá responsabilidade pelos danos causados ao consumidor, conforme dispõe o art. 13 do CDC:

> Art. 13. O comerciante é igualmente responsável, nos termos do art. anterior, quando:
> I - o fabricante, o construtor, o produtor ou o importador não puderem ser identificados;
> II - o produto for fornecido sem identificação clara do seu fabricante, produtor, construtor ou importador;
> III - não conservar adequadamente os produtos perecíveis.

Já as hipóteses de responsabilidade pelo vício de qualidade de produto e serviço, bem como do vício de quantidade, estão previstas nos art. 18 a art. 20 do CDC, sendo considerados vícios de qualidade por inadequação do produto/serviço. O dever de prestar informação adequada e clara é do fornecedor, já que o ato de consumo deve decorrer de uma escolha livre, consciente e segura baseada em informações pertinentes, objetivas e específicas sobre o que se está adquirindo.

Não se pode deixar de considerar que os vícios de adequação, previstos nos arts. 18 e seguintes do Código de Defesa do Consumidor suscitam uma desvantagem econômica para o consumidor, mas a perda patrimonial não ultrapassa os limites valorativos do produto ou serviço defeituoso, na exata medida da sua inversibilidade ou imprestabilidade.

Nas duas modalidades – responsabilidade sobre o fato e vício do produto –, basta o consumidor provar a existência do dano (produto ou serviço com vício) e do nexo causal (que o dano foi provocado em decorrência do produto ou serviço).

Segue, a título de exemplo, decisão do Superior Tribunal de Justiça (STJ) acerca de "acidente de consumo" na prestação de serviço por parte da Empresa Brasileira de Correios e Telégrafos (ECT) na qualidade de correspondente bancário:

> É firme na jurisprudência do STJ que nas discussões a respeito de assaltos dentro de agências bancárias, sendo o risco inerente à atividade bancária, é a instituição financeira que deve assumir o ônus desses infortúnios.
> Além de prestar atividades tipicamente bancárias, a ECT oferece publicamente esses serviços (equipamentos, logomarca, prestígio etc.), de forma que, ao menos de forma aparente, de um banco estamos a tratar; aos olhos do usuário, inclusive em razão do nome e da prática comercial, não se pode concluir de outro modo, a não

ser pelo fato de que o consumidor efetivamente crê que o banco postal (correspondente bancário) nada mais é do que um banco com funcionamento dentro de agência dos Correios.

As contratações tanto dos serviços postais como dos serviços de banco postal oferecidos pelos Correios revelam a existência de contrato de consumo, desde que o usuário se qualifique como "destinatário final" do produto ou serviço.

Na hipótese, o serviço prestado pelos Correios foi inadequado e ineficiente porque descumpriu o dever de segurança legitimamente esperado pelo consumidor.

De fato, dentro do seu poder de livremente contratar e oferecer diversos tipos de serviços, ao agregar a atividade de correspondente bancário ao seu empreendimento, acabou por criar risco inerente à própria atividade das instituições financeiras, devendo por isso responder pelos danos que esta nova atribuição tenha gerado aos seus consumidores, uma vez que atraiu para si o ônus de fornecer a segurança legitimamente esperada para esse tipo de negócio [REsp nº 1.183.121/SC – Data do julgamento: 24 fev. 2015].

Práticas de oferta de produto. Propaganda enganosa e abusiva

A evolução das relações de consumo conduziu à necessidade de novo tratamento atinente à oferta e publicidade. A escassa regulamentação pressupunha a igualdade das partes e tinha presente o entendimento de que a oferta se dava entre pessoas determinadas: proponente e aceitante.

Fruto dessa insuficiência normativa e da constatação de que a oferta nas relações de consumo poderia se dar entre pessoas indeterminadas, alcançando tanto o consumidor efetivo (aquele que atua adquirindo produtos ou serviços) quanto o potencial (aquele que está propenso a consumir ou exposto às práticas de consumo, como oferta, publicidade e práticas abusivas), verificou-se que este último também merecia proteção especial da lei. Nesse sentido, define o CDC:

> Art. 30. Toda informação ou publicidade, suficientemente precisa, veiculada por qualquer forma ou meio de comunicação com relação a produtos e serviços oferecidos ou apresentados, obriga o fornecedor que a fizer veicular ou dela se utilizar e integra o contrato que vier a ser celebrado.

Requisitos da oferta

Os requisitos da oferta estão elencados no art. 31 do CDC:

> Art. 31. A oferta e apresentação de produtos ou serviços devem assegurar informações corretas, claras, precisas, ostensivas e em língua portuguesa sobre suas características, qualidades, quantidade, composição, preço, garantia, prazos de validade e origem, entre outros dados, bem como sobre os riscos que apresentam à saúde e segurança dos consumidores.

Sendo a oferta o momento antecedente à conclusão do ato de consumo, deve ser precisa e transparente o suficiente para que o consumidor, devidamente informado, possa exercer seu direito de livre escolha. Assim, as informações devem ser verdadeiras e corretas, guardando correlação fática com as características do produto ou serviço, redigidas em linguagem clara, lançadas em lugar e forma visíveis. Além disso, devem ser escritas em língua portuguesa. Em caso de oferta por telefone ou reembolso postal há um requisito extra: para possibilitar a responsabilização, o nome do fabricante e seu endereço deverão constar obrigatoriamente da embalagem, publicidade e impressos utilizados na transação comercial (art. 33 do CDC).

Propaganda enganosa e abusiva

Os publicitários diferenciam a propaganda da publicidade, estabelecendo que a propaganda possui caráter ideológico (por exemplo, a propaganda política eleitoral, a propaganda acerca de campanhas de vacinação etc.) e a publicidade o caráter negocial/comercial de produtos e serviços. Todavia, o Código do Consumidor não faz distinção, tratando-os como sinônimos.

Publicidade enganosa é aquela que leva o consumidor ao erro, ao engano na aquisição do produto ou do serviço.

As regras que proíbem e conceituam propaganda enganosa estão previstas no art. 37 do CDC:

> Art. 37. É proibida toda publicidade enganosa ou abusiva.
> § 1º. É enganosa qualquer modalidade de informação ou comunicação de caráter publicitário, inteira ou parcialmente falsa, ou, por qualquer outro modo, mesmo por omissão, capaz de induzir em erro o consumidor a respeito da natureza, características, qualidade, quantidade, propriedades, origem, preço e quaisquer outros dados sobre produtos e serviços.
> [...]
> § 3º. Para os efeitos deste código, a publicidade é enganosa por omissão quando deixar de informar sobre dado essencial do produto ou serviço.

Vamos exemplificar com uma decisão do Superior Tribunal de Justiça (STJ):

Trata-se de danos morais e materiais em decorrência de consumo de medicamento vendido como ativador de metabolismo cerebral, ou seja, para a memória. Posteriormente, a indicação do remédio foi alterada para antidepressivo. Também, a princípio, o medicamento era vendido livremente nas farmácias, depois passou a ser controlado, primeiro por receita branca e, por fim, mediante receita azul. Por mais de três anos, não constavam da bula quaisquer efeitos colaterais. Segundo o autor, quando passou a ter ciência dos efeitos adversos do remédio, já se encontrava dependente, com compulsão incontrolável para o consumo, muitas dívidas e arruinado.

A questão *sub judice* restringiu-se à relação de consumo (art. 12 do CDC). Para a Min. Nancy Andrighi, a dependência isoladamente considerada não é um defeito do produto, seria apenas um efeito colateral, perfeitamente evitável. Contudo, a ausência na bula de efeitos colaterais por mais de três anos consubstancia a hipótese de publicidade enganosa. Há também omissão por ausência de comunicados na imprensa de alerta dos riscos que a droga proporcionava aos consumidores, necessários após as descobertas da alta periculosidade da amineptina, substância do medicamento. Portanto, o fornecedor tem dever de indenizar o consumidor segundo o art. 12, § 3º, do CDC [REsp nº 971.845/DF, julgado em 21 ago. 2008].

Já a publicidade abusiva anuncia o produto por meio de ferramentas que venham a agredir os bons costumes ou incitam a discriminação racial, a violência, a inocência das crianças, entre outros mecanismos.

A publicidade abusiva tem sua definição legal expressa no mesmo art. 37 do CDC, em seu § 2º:

Art. 37. É proibida toda publicidade enganosa ou abusiva.

[...]

§ 2º. É abusiva, dentre outras, a publicidade discriminatória de qualquer natureza, a que incite à violência, explore o medo ou a superstição, se aproveite da deficiência de julgamento e experiência da criança, desrespeite valores ambientais, ou que seja capaz de induzir o consumidor a se comportar de forma prejudicial ou perigosa à sua saúde ou segurança.

Contratos nas relações de consumo

O contrato é um instrumento pacificador de conflitos e o CDC, apesar de não tipificá-lo, norteia princípios para a boa condução da relação entre consumidor e fornecedor.

Em regra, os pactos estão consubstanciados num contrato escrito, mas a rotina do dia a dia por vezes banaliza contratos realizados entre consumidores e fornecedores sem a devida formalização, admitindo-se, nesses casos, contratos verbais ou tácitos, por exemplo, a compra de um pão na padaria pela manhã, ou então a utilização do metrô. Apesar de não escritos, são da mesma forma protegidos pelas leis consumeristas.

O grande vilão, no entanto, desses instrumentos de acordo, chama-se cláusula abusiva. Pelo poderio econômico, financeiro e jurídico de muitos fornecedores, os contratos incluem nos seus textos cláusulas que violam a igualdade de tratamento entre as partes, causando, com isso, um desequilíbrio econômico a ponto de provocar um dano patrimonial ao bolso do consumidor.

Já se foi a época em que o jargão "contrato é lei entre as partes" era absoluto e sinônimo da assinatura da sentença de morte de um dos contratantes. A figura da função social dos contratos operante no século XIX nos traz a possibilidade da sua revisão quando um fato inesperado, irreversível e imprevisível causar onerosidade extrema a uma das partes. É a conhecida teoria da imprevisão aplicada nas relações contratuais.

O Código do Consumidor prevê, no art. 6, IV, como direito básico do consumidor, a proteção contra cláusulas contratuais abusivas, assegurando assim o equilíbrio entre as partes num determinado contrato de consumo. Quer dizer, para o CDC não há igualdade de forças entre o fornecedor – por vezes uma grande empresa – e o consumidor, sendo este último parte hipossuficiente ou vulnerável na relação de consumo, merecedor, pois, de especial assistência do Estado por meio de mecanismos legais.

Segundo João Batista Almeida, consumidores são

> os que não dispõem de controle sobre bens de produção e, por conseguinte, devem se submeter ao poder dos titulares destes. Isto quer dizer, que a definição de consumidor já descreve essa vulnerabilidade, essa relação de hipossuficiência que pode ocorrer por desinformação, por fraude ou quando o produtor não dê ou não honre a garantia ao bem produzido [Almeida, 1993:15].

Verifica-se, assim, a necessidade de proteger a parte mais fraca na relação de consumo, em decorrência dos inúmeros abusos praticados em seu detrimento. Por exemplo, dentro do contexto de sempre clarear as convenções entre o consumidor e o fornecedor, o Código de Defesa do Consumidor foi alterado pela Lei nº 11.785, de 20 de setembro de 2008, no sentido de conferir o tamanho 12, no mínimo, às letras digitadas nos contratos escritos:

> Art. 54. [...]
> § 3º. Os contratos de adesão escritos serão redigidos em termos claros e com caracteres ostensivos e legíveis, cujo tamanho da fonte não será inferior ao corpo doze, de modo a facilitar sua compreensão pelo consumidor. [Redação dada pela Lei nº 11.785, de 2008].

Também ocorreu a regulamentação dos Serviços de Atendimento ao Consumidor (SAC), pelo Decreto nº 6.523/2008 (conhecido como Lei dos Call Centers). Uma das mudanças determinadas pela norma foi que as empresas de telefonia, planos de saúde e as operadoras de TV por assinatura, entre outras, terão no máximo, um minuto para atender um cliente. As instituições bancárias, porém, terão limite de 45 segundos de espera, segundo previsto no art. 1º da Portaria nº 2.014/2008, do Ministério da Justiça, que regulamentou o Decreto nº 6.523/2008.

Seguem exemplos de cláusulas abusivas, segundo a jurisprudência do Superior Tribunal de Justiça (STJ):

> É abusiva a cláusula contratual que proíbe a internação domiciliar como alternativa à internação hospitalar, visto que, da natureza do negócio firmado, há situações em que tal procedimento é altamente necessário para a recuperação do paciente sem comprometer o equilíbrio financeiro do plano [AgInt no AREsp nº 1.185.766/MS – Data do julgamento: 12 jun. 2018].

> Súmula nº 597 do STJ: A cláusula contratual de plano de saúde que prevê carência para utilização dos serviços de assistência médica nas situações de emergência ou de urgência é considerada abusiva se ultrapassado o prazo máximo de 24 horas contado da data da contratação [aprovada em: 8 out. 2017]

> Súmula nº 302 do STJ: É abusiva a cláusula contratual de plano de saúde que limita no tempo a internação hospitalar do segurado [aprovada em: 8 out. 2004].

Contrato de adesão

O contrato de adesão é definido expressamente na lei do consumidor (CDC), em seu art. 54:

> Contrato de adesão é aquele cujas cláusulas tenham sido aprovadas pela autoridade competente ou estabelecidas unilateralmente pelo fornecedor de produtos ou serviços, sem que o consumidor possa discutir ou modificar substancialmente seu conteúdo.

Verificamos, no conceito de contrato de adesão, que o consumidor não possui o direito de liberdade de escolha das cláusulas contratuais, sendo estas previamente redigidas e impostas pelo fornecedor de produtos ou serviços. Existe a premissa de que, nos contratos de adesão, há a liberdade de contratar, quer dizer, o consumidor pode assiná-lo (aderir) ou não. Todavia, considerando-se a condição de vulnerabilidade ou hipossuficiência deste – em verdade este livre-arbítrio contratual inexiste, razão, aliás, da existência da tutela/proteção da norma consumerista, buscando mitigar cláusulas abusivas. Tome-se como exemplo a contratação de uma linha de telefone celular, serviço que para muitos não é luxo, e sim necessidade profissional ou pessoal. Como todas as operadoras utilizam-se de contratos de adesão, se o consumidor se recusar a aderir a eles, ficará sem o serviço.

Nesse diapasão, o dispositivo a seguir visa dar especial proteção ao consumidor quando parte integrante deste tipo de contrato:

> Art. 54 [...].
> § 4º. As cláusulas que implicarem limitação de direito do consumidor deverão ser redigidas com destaque, permitindo sua imediata e fácil compreensão.

O consumidor e seu direito de proteção contra cláusulas abusivas

As cláusulas contratuais abusivas em uma relação de consumo estão previstas – em uma relação exemplificativa – no art. 51 do CDC.

O termo cláusulas abusivas concretiza, além daquelas expressamente previstas na lei consumerista, as interpretações dos tribunais acerca das cláusulas potestativas ou leoninas nos contratos, ou seja, aquelas que impõem ônus excessivo ou importam renúncia de direitos por parte do consumidor, enfim, que o coloquem em situação de desvantagem.

Na relação de consumo, limitações vão surgir no tocante ao contrato firmado entre as partes. Obrigatoriamente deverão ser observados, sob pena de nulidade da cláusula, os princípios mencionados no art. 6º do CDC e, principalmente, o da transparência que permite ao consumidor, inclusive, amplo e pleno conhecimento das condições reguladoras do negócio.

Diante dos conflitos de consumo, que surgem a cada dia entre o fornecedor e o consumidor, verifica-se o desequilíbrio entre as partes, em face da submissão, por exemplo, a uma cláusula abusiva (dado o princípio da imutabilidade do contrato), ou mesmo a uma prática comercial abusiva ditada pela parte mais forte, demonstrando a manifesta vantagem excessiva. Surge assim a necessidade do intervencionismo estatal, permitindo, inclusive, a revisão das cláusulas contratuais pactuadas em razão do abuso que implique lesão ao direito do consumidor.

Decisões do Superior Tribunal de Justiça (STJ) acerca de revisão de cláusula contratual considerada abusiva:

1. No caso que se segue, o abuso estava na taxa de juros prevista em um contrato de empréstimo. A decisão determinou a revisão desta para os da média do mercado:

No tocante aos juros remuneratórios, registra-se que o Tribunal de origem, analisando as cláusulas contratuais, os elementos fático--probatórios dos autos e a taxa média de mercado, considerou abusiva a taxa contratada. Desse modo, os juros remuneratórios devem ser limitados à taxa média de mercado [AgInt no REsp nº 1.394.134/SC – Data do julgamento: 5 jun. 2018].

2. Neste outro episódio, o abuso estava no índice de reajuste de plano de saúde fundamentado na mudança de faixa etária:

O reajuste de mensalidade de plano de saúde individual ou familiar fundado na mudança de faixa etária do beneficiário é válido desde que:
I) haja previsão contratual;
II) sejam observadas as normas expedidas pelos órgãos governamentais reguladores; e
III) não sejam aplicados percentuais desarrazoados ou aleatórios que, concretamente e sem base atuarial idônea, onerem excessivamente o consumidor ou discriminem o idoso.
No caso concreto, o Tribunal entendeu pela abusividade da cláusula contratual que prevê o reajuste da mensalidade no percentual de 72,49% ao contratante que muda de faixa etária, sem indicação de qualquer critério para determinar reajuste tão expressivo [AgInt no AREsp nº 889.861/RS – Data do julgamento: 22 maio 2018].

Defesa do consumidor em juízo

Na defesa do consumidor em juízo, o que se pretende é aplicar medidas eficazes para efetivar os direitos instituídos no código. Era preciso fortalecer o consumidor não apenas na celebração do contrato, como também em juízo. A palavra defesa não traz apenas seu sentido restrito, de contestação, resposta; trata de defesa *lato sensu*.

No que concerne à defesa do consumidor, o código assegura tanto a defesa individual quanto a coletiva; portanto, tudo que é aplicável no individual cabe também ao coletivo. Quer dizer, a ação pode ser proposta em nome de um ou mais consumidores. Veja o dispositivo legal pertinente do CDC:

> Art. 81. A defesa dos interesses e direitos dos consumidores e das vítimas poderá ser exercida em juízo individualmente, ou a título coletivo.

O tempo mostra que as lesões não são pulverizadas e sim massificadas. Sendo assim, não se faz possível julgar essas macrolesões como microlesões. Quer dizer, considerando-se que alguns fornecedores adotam práticas lesivas como regra, não sendo apenas casos pontuais, cada vez mais a demanda átomo, como é chamada a defesa individual, é substituída pela demanda molécula (defesa coletiva).

Em regra, a relação processual atua em três áreas: acesso ao Judiciário (justiça gratuita); defesa de direitos coletivos (predominância das ações coletivas sobre as individuais, o fenômeno da massificação das lesões) e o ressarcimento pelo dano sofrido.

No que se refere à defesa individual, o legislador dispôs algumas regras para fortalecê-la:

a) Competência das ações (art. 101, I, do CDC) – A ação tem de ser proposta no domicílio do autor. Ou seja, entre as cláusulas abusivas está aquela em que o contratado designa um foro distante do domicílio do contratante para dirimir dúvidas com o evidente propósito de dificultar seu acesso à

Justiça. Por exemplo, o consumidor residente em Curitiba assina um contrato de consumo nesse município. Contudo, a cláusula de foro de eleição elege o município de São Paulo como foro competente para dirimir eventuais dúvidas acerca do negócio.

b) Vedação da denunciação da lide (art. 88 e art. 101, II, do CDC), por se acreditar que tumultua o processo, por inserir outra questão gerando o embate entre o lidedenunciante e o lidedenunciado – O regresso, quando cabível, procederá em ação autônoma. Significa, por exemplo, que o fornecedor do produto, uma vez demandado em juízo pelo consumidor, não pode chamar para o processo uma terceira parte. Se o fornecedor for condenado deverá arcar com esse ônus e só depois então processar aquele terceiro que julga responsável pelo dano sofrido pelo consumidor, em uma ação própria, sem a participação deste último. Exceção a esta regra se dá quando o réu houver contratado seguro de responsabilidade, hipótese em que poderá chamar ao processo o segurador.

c) Assegurar o uso de toda e qualquer espécie de ação (art. 83), já que não há no CDC um rol de ações especificas à relação de consumo, ou seja, qualquer ação presente no direito pode ser movida, ampliando assim os horizontes do consumidor.

d) Execução específica da obrigação de fazer ou não fazer (art. 84, § 4º, do CDC, transpassado do art. 461 do CC). Essas execuções específicas derivam de um caso que se tornou corriqueiro em nosso direito. Até a promulgação do CDC, o fornecedor que se negasse a fazer o que fora determinado em sentença sofreria, consequentemente, outra ação judicial, denominada ação de perdas e danos, implicando mais tempo para o fornecedor executar o serviço ou entregar o produto tão necessário ao consumidor. Significa dizer, por exemplo, que se o juiz, em uma sentença, determinasse que o fornecedor entregasse determinado bem ao consumidor e aquele que não o fizesse o consumidor deveria propor uma nova ação judicial para que o julgador, em nova sentença, convertesse aquela obrigação (entrega do bem) em indenização por perdas e danos em dinheiro.

Neste aspecto, O CDC inovou ao delegar poderes ao juiz, que pode hoje aplicar multas diárias (denominadas astreintes), compelindo o fornecedor a fazer o que lhe compete ou, a pedido do autor, converter de imediato a obrigação de fazer ou não fazer alguma coisa em indenização em dinheiro por perdas e danos sofridos.

e) Inversão do ônus da prova, que se dá por determinação judicial (art. 6, VIII, do CDC) ou legal quanto à publicidade (art. 38 do CDC). Em regra, o ônus da prova cabe a quem alega o fato. Assim, se o consumidor, por exemplo, alega ter sofrido um dano em decorrência do defeito de um produto, em princípio caberia a ele provar tal defeito. E como fazê-lo? Contratando um perito engenheiro que lhe fornecesse um laudo técnico comprovando o fato alegado seria uma possibilidade. Ora, considerando-se a situação de vulnerabilidade ou hipossuficiência da gigantesca maioria dos consumidores, isto seria raríssimo de acontecer. Assim, entendeu o legislador de inverter o ônus da prova. Ao invés de o consumidor ter de provar o defeito, o fornecedor é quem tem de provar que o dano sofrido por quem adquiriu seu produto ou serviço não decorreu de defeito ou vício deste.

À guisa de exemplo, segue decisão do Superior Tribunal de Justiça (STJ):

Cuida-se de ação indenizatória ajuizada por condutora envolvida em acidente de trânsito, pretendendo a responsabilização civil da fabricante do pneu do veículo, ao fundamento de que o evento danoso decorreu do rompimento da banda de rodagem.

De acordo com o disposto no art. 12 do CDC, o fornecedor responde, independentemente de culpa, pela reparação dos danos causados aos consumidores por defeitos do produto e, ainda, por informações insuficientes ou inadequadas sobre sua utilização e riscos.

Assim, o defeito do produto representa pressuposto especial e inafastável da responsabilidade do fornecedor pelo acidente de consumo.

Por isso, o Código de Defesa do Consumidor, com o objetivo de facilitar em juízo a defesa dos direitos dos consumidores-vítimas dos acidentes de consumo, conferindo-lhes maior proteção, estabeleceu hipótese legal de inversão do ônus da prova, determinando que cabe ao fornecedor, com a intenção de se eximir de responsabilidade, comprovar alguma das excludentes previstas no art. 12, § 3º, a saber:

a) a não colocação voluntária do produto no mercado;

b) a inexistência do defeito;

c) a culpa exclusiva do consumidor ou de terceiro.

Dessa maneira, demonstrando o consumidor, na ação por si ajuizada, que o dano sofrido decorreu do produto colocado no mercado pelo fornecedor, a esse último compete comprovar, por prova cabal, que o evento danoso não derivou de defeito do produto, mas de outros fatores. Não basta, nesse ínterim, a demonstração de uma mera probabilidade de inexistência do defeito, exigindo-se prova taxativa nesse sentido, pois há presunção relativa de veracidade em favor do consumidor.

Conforme se aduziu, é da fornecedora o ônus de demonstrar eventual ausência de defeito do pneu; como este não foi provado, reconhece-se que o acidente automobilístico teve como causa determinante a ruptura da banda de rodagem do pneu do veículo dirigido pela recorrente [REsp nº 1.715.505/MG – Data do julgamento: 20 mar. 2018].

a) Desaguar as demandas de consumo nos juizados especiais cíveis (art. 5º, IV, do CDC). Atualmente, 90% das causas nos juizados especiais cíveis (JECs) dizem respeito à relação consumerista. Esses órgãos do Poder Judiciário possuem a especial característica de terem processos judiciais bem mais rápidos que as demais instâncias da Justiça comum.

b) Assistência jurídica (art. 5º, I, do CDC) integral e gratuita para o consumidor carente de recursos financeiros, como já era garantido pela Lei nº 1.060/1950. Ao consumidor é assegurada a gratuidade de justiça, além de assistência pela Defensoria Pública, quando for o caso.

c) Garantia do *habeas data* como ação judicial a ser utilizada pelo consumidor para garantir o direito de acesso a informações a seu respeito constantes de cadastros e bancos de dados, além de requerer eventuais alterações dessas mesmas informações.

d) Ação coletiva com efeito para todos (art. 103 do CDC), inclusive para aqueles que não são parte integrante do processo, em certas hipóteses. Essas ações coletivas, quando procedentes, têm seus efeitos estendidos às ações individuais.

e) Defesa coletiva (demanda molecular, prevista no art. 81 do CDC), a grande novidade em prol do princípio da igualdade entre as partes. A demanda molecular aumenta a força política do lado mais fraco, que geralmente é o consumidor. O CDC não foi o pioneiro dessa ideia de defesa coletiva, que surgiu com a ação civil pública, porém o que o código defensor dos consumidores faz foi abrir o leque, implantando mais órgãos e capacitando-os para moverem tais ações.

* * *

Vimos, neste capítulo, as implicações das relações de consumo, seus protagonistas, suas responsabilidades e regulação frente ao Código de Defesa do Consumidor. Por sequência, no próximo capítulo, trataremos das crises econômico-financeiras das organizações.

7
Empresa em crise economico-financeira: ferramentas jurídicas de recuperação empresarial

Este capítulo aborda a crise econômico-financeira das organizações e seus instrumentos de superação diante da instabilidade patrimonial da empresa, bem como a realidade do processo falimentar para as empresas sem viabilidade econômica de recuperação.

Recuperação judicial

Com a promulgação da Lei nº 11.101/2005 (Lei de Recuperação e Falências – LRF), o Brasil passou a adotar duas formas de evitar a falência do devedor em crise: recuperação judicial e extrajudicial. Estão sujeitos à recuperação judicial, à extrajudicial e à falência o empresário e sociedade empresária.

Algumas sociedades, embora empresárias, estão excluídas total ou parcialmente da falência ou excluídas totalmente da recuperação (art. 2º, LRF). O juízo competente para homologar o plano de recuperação extrajudicial, deferir a recuperação judicial ou decretar a falência será o do principal estabelecimento do devedor ou da filial de empresa sediada fora do Brasil (art. 3º da LRF).

Pela disposição do art. 5º da Lei nº 11.101/2005, alguns créditos não são exigíveis do devedor na recuperação judicial ou na falência. São eles:

I - as obrigações a título gratuito;
II - as despesas que os credores fizerem para tomar parte na recuperação judicial ou na falência, salvo as custas judiciais decorrentes de litígio com o devedor.

Esses valores devidos podem ser discutidos, mas em esfera judicial própria.

Em regra, pelo juízo universal da recuperação, todas as ações que estejam concomitantemente tramitando e tenham por objeto discussão patrimonial da empresa devem ter seu trâmite suspenso pelo prazo de 180 dias a contar do deferimento do pedido de recuperação judicial. Embora essa seja a regra, a lei apresenta algumas exceções, ou seja, ações que seguirão seu trâmite normalmente apesar de a empresa encontrar-se em recuperação. Essas exceções estão previstas no art. 6º da LRF. São elas:

- as ações de natureza ilíquida, que consistem em ações de conhecimento sem liquidez. Quer dizer, nessas ações o autor requer algo que não tem a ver com pagamentos em dinheiro. Por exemplo, um vizinho da empresa propõe ação para que essa não construa edificação em seu terreno. Aqui não se trata de valores, mas de obrigação de não fazer a tal obra;
- as ações de natureza trabalhista, que serão processadas perante a Justiça especializada até a apuração do respectivo crédito devido ao trabalhador;
- as execuções de natureza fiscal, salvo se a Fazenda Pública conceder o parcelamento à empresa, caso em que a ação de cobrança também será suspensa.

Recuperação judicial

A recuperação judicial é uma ação que tem por objetivo viabilizar a superação da situação de crise econômico-financeira da empresa, a fim de permitir a manutenção da fonte produtora, do empregado e dos interesses dos credores, promovendo a preservação da empresa, sua função social e o estímulo à atividade econômica.

São legitimados a requerer a recuperação judicial: o empresário, a sociedade empresária, o cônjuge sobrevivente, os herdeiros, o inventariante e o sócio remanescente.

São requisitos para o requerimento da recuperação judicial:

- exercer atividade regular há mais de dois anos;
- não ser falido e, se o for, estarem extintas suas responsabilidades;
- não ter, há menos de oito anos, obtido concessão de recuperação judicial (sendo o devedor micro ou empresário de pequeno porte, o prazo foi diminuído de oito para cinco anos pela redação da LC nº 147/2014);
- não ter sido condenado ou não ser, como administrador ou sócio controlador, pessoa condenada por crime falimentar.

Como regra, todos os credores existentes na data do pedido de recuperação, ainda que não vencidos os créditos, estão sujeitos aos efeitos da recuperação judicial (art. 49 da LRF).

Portanto, aqueles credores que vierem a se constituir depois do pedido de recuperação não serão incluídos, bem como os bens dados em garantia real, as ações que demandem quantias ilíquidas, as reclamações trabalhistas e as execuções tributárias.

Também estão excluídos dos efeitos da recuperação judicial,

> o credor, titulares da posição de proprietário fiduciário de bens móveis ou imóveis, de arrendador mercantil, de proprietário ou

promitente vendedor de imóvel cujos contratos contenham cláusula de irrevogabilidade ou irretratabilidade, inclusive em incorporações imobiliárias, ou de proprietário em contrato de compra e venda com reserva de domínio [LRF, art. 49, § 3º].

O mesmo se aplica aos bancos credores por adiantamento aos exportadores e câmaras de compensação e liquidação financeira. Esses credores podem exercer seus direitos reais e contratuais, de acordo com as respectivas legislações.

Vimos que foi estabelecido um novo olhar frente ao devedor insolvente, pois é de vital importância que o Estado propicie às organizações formas de superação da crise econômico-financeira em prol da preservação da empresa, dando possibilidade de continuação da atividade negocial, de forma a manter os postos de trabalho, a arrecadação tributária e a estabilidade do mercado.

Podemos constatar essa preocupação em reportagem de Fernanda Pressinott (2017), veiculada no jornal *Valor Econômico*, na qual afirma-se: "A Justiça confirma recuperação judicial da *trading* Seara", que estava entre as 10 maiores negociadoras de *commodities* do país. A empresa requereu a recuperação judicial para reestruturar R$ 2,1 bilhões em dívidas.

Meios de recuperação da empresa

O art. 50 da LRF enumera os meios de recuperação judicial da empresa. Trata-se, na verdade, de rol exemplificativo. São eles: dilação do prazo ou revisão das condições de pagamentos; operações societárias; alteração do controle societário, entre outros.

O processo de recuperação judicial se divide em três fases:

1. postulatória – requerimento do benefício;

2. deliberativa – ocorre após a verificação dos créditos;
3. execução – fiscalização do cumprimento do plano de recuperação.

Estando em termos a documentação exigida pela lei, o juiz deferirá o processamento da recuperação e, no mesmo ato, nomeará o administrador judicial. Entre outros efeitos, ordenará a suspensão temporária de todas as ações e execuções (art. 52 da LRF). Contudo nem todas as ações serão suspensas.

Plano de recuperação judicial

O instrumento mais importante do processo de recuperação judicial é o plano de recuperação, que "será apresentado pelo devedor em juízo no prazo improrrogável de 60 dias da publicação da decisão que deferir o processamento da recuperação judicial, sob pena de convolação em falência" (art. 53, *caput*, da LRF). O plano de recuperação deverá atender aos requisitos previstos nos incisos I a III do mesmo artigo.

Segundo a lei, o plano poderá alterar ou fazer novação dos créditos trabalhistas ou decorrentes de acidentes de trabalho, observado o disposto no art. 54 da LRF.

Uma vez apresentado e publicado o plano de recuperação, poderão os credores apresentar sua objeção no prazo a ser fixado pelo juiz ou conforme o previsto em lei. Havendo objeção de qualquer credor, o juiz convocará a Assembleia Geral de credores para deliberar sobre o plano de recuperação. Após a juntada ao processo do plano aprovado pela assembleia ou decorrido o prazo para objeções, o devedor apresentará certidões negativas de débitos tributários. Assim, se apresentadas as certidões, o juiz deve conceder o benefício; caso contrário, deve indeferir o pedido, uma vez que o CTN exige prova de quitação para a concessão da recuperação judicial.

Pela Lei nº 13.043/2014 foi instituído o parcelamento de débitos frente à Fazenda nacional das empresas que pleitearem ou tiverem deferido o processamento da recuperação judicial.

Recomenda-se atenção ao interpretar os prazos previstos no art. 55 da LRF; o legislador parece ter se confundido um pouco ao definir o prazo para a apresentação de objeção.

Aprovado o plano de recuperação em assembleia (respeitado o *quorum*), o juiz concederá a recuperação judicial. Caso nenhum plano tenha sido aprovado, o juiz decretará a falência.

Contudo, há situações na lei em que o juiz poderá conceder a recuperação com base no plano não aprovado pela assembleia desde que, de forma cumulativa e na mesma assembleia, tenha obtido:

I - o voto favorável de credores que representem mais da metade do valor de todos os créditos presentes à assembleia, independentemente de classes;
II - a aprovação de 2 (duas) das classes de credores nos termos do art. 45 desta Lei ou, caso haja somente 2 (duas) classes com credores votantes, a aprovação de pelo menos 1 (uma) delas;
III - na classe que o houver rejeitado, o voto favorável de mais de 1/3 (um terço) dos credores, computados na forma dos § 1º e § 2º do art. 45 desta Lei [art. 58 da LRF]..

A sentença concessiva de recuperação judicial desafia o recurso de agravo por instrumento no prazo de 10 dias. O agravo poderá ser interposto por qualquer credor ou pelo representante do Ministério Público (art. 59, § 2º, da LRF).

Descumprimento do plano de recuperação

Como visto, se durante o prazo de dois anos o devedor descumprir qualquer uma de suas obrigações, o credor poderá requerer a convolação em falência. Após o referido prazo, o credor poderá requerer a execução específica ou falência do devedor. Convolada a recuperação judicial em falência, os credores decorrentes de obrigações contraídas pelo devedor durante a recuperação, inclusive aquelas relativas a despesas com fornecedores, serão considerados extraconcursais.

Como regra, cumpridas as obrigações no prazo de até dois anos, o juiz decretará por sentença o encerramento da recuperação judicial (art. 63 da LRF).

Convolação da recuperação judicial em falência

O juiz decretará a falência durante o processo de recuperação judicial (art. 73 da LRF):

- por deliberação em Assembleia Geral de credores;
- pela não apresentação do plano pelo devedor;
- quando houver sido rejeitado o plano de recuperação pela Assembleia Geral de credores;
- por indeferimento da recuperação judicial;
- por descumprimento das obrigações assumidas no plano de recuperação.

Plano de recuperação judicial para microempresas e empresas de pequeno porte

De acordo com a Lei Complementar nº 123/2006 (Estatuto do Microempresário e Empresário de Pequeno Porte), considera-se microempresário aquele que atinge faturamento bruto anual de R$ 900 mil e empresário de pequeno porte aquele cujo faturamento bruto anual varie entre R$ 900.000,01 e R$ 4,800 milhões. Soma-

-se às duas categorias o microempreendedor individual, desde que tenha uma receita bruta anual de até R$ 81 mil. Tal alteração foi introduzida pela LC nº 155/2016, a partir de janeiro de 2018.

Os microempresários e os empresários de pequeno porte poderão apresentar um plano especial de recuperação judicial (art. 71 da LRF).

> Art. 71. O plano especial de recuperação judicial será apresentado no prazo previsto no art. 53 desta Lei e limitar-se á às seguintes condições:
> I - abrangerá todos os créditos existentes na data do pedido, ainda que não vencidos, excetuados os decorrentes de repasse de recursos oficiais, os fiscais e os previstos nos §§ 3º e 4º do art. 49; (Redação dada pela Lei Complementar nº 147, de 2014)
> II - preverá parcelamento em até 36 (trinta e seis) parcelas mensais, iguais e sucessivas, acrescidas de juros equivalentes à taxa Sistema Especial de Liquidação e de Custódia - SELIC, podendo conter ainda a proposta de abatimento do valor das dívidas; (Redação dada pela Lei Complementar nº 147, de 2014)
> III - preverá o pagamento da 1ª (primeira) parcela no prazo máximo de 180 (cento e oitenta) dias, contado da distribuição do pedido de recuperação judicial;
> IV - estabelecerá a necessidade de autorização do juiz, após ouvido o administrador judicial e o Comitê de Credores, para o devedor aumentar despesas ou contratar empregados.
> Parágrafo único. O pedido de recuperação judicial com base em plano especial não acarreta a suspensão do curso da prescrição nem das ações e execuções por créditos não abrangidos pelo plano.

As dívidas tributárias e trabalhistas não são atingidas; portanto, devem ser honradas conforme a legislação específica de cada uma. A aprovação ou rejeição do plano de recuperação judicial cabe exclusivamente ao juiz, e não à Assembleia Geral de credores. Com a sentença concessiva do benefício, opera a suspensão das ações e execuções e a novação das obrigações sujeitas ao plano.

Por fim, os credores poderão opor objeções ao plano especial. Nesse caso, o juiz chamará o devedor para que se manifeste na tentativa de haver um acordo entre as partes. Caso contrário, ao juiz caberá a decisão.

Recuperação extrajudicial

Com a Lei de Falências, o devedor que preencher os requisitos poderá propor e negociar com credores o plano de recuperação extrajudicial. O empresário e a sociedade empresária, para requerer a homologação do acordo de recuperação extrajudicial, deverão preencher os requisitos previstos no art. 161 da LRF.

Observe-se que, se o devedor encontrar uma saída para a crise que enfrenta em conformidade com os credores não precisará atender a nenhum dos requisitos previstos na lei. Assim, quando a lei impõe requisitos, está se referindo ao devedor que pretender levar seu acordo à homologação judicial.

É importante ressaltar que, após a distribuição do pedido de homologação, os credores que aderiram ao plano não podem mais desistir da adesão, salvo com a anuência dos demais signatários.

Credores não atingidos na recuperação extrajudicial

Nem todos os credores serão atingidos pelo plano de recuperação extrajudicial. Entre eles, temos: credores trabalhistas; créditos tributários; credores titulares de posição de proprietário fiduciário de bens móveis ou imóveis, de arrendador mercantil, de proprietários ou promitente vendedor de imóveis cujos respectivos contratos contenham cláusula de irrevogabilidade ou irretratabilidade e de proprietário em contrato de venda com reserva de domínio; credor decorrente de adiantamento de contrato de câmbio para a exportação.

Processamento do pedido de homologação

De acordo com a lei, a homologação pode ser facultativa ou obrigatória. Ambas seguirão o rito previsto no art. 164 da LRF. O plano de recuperação produz efeitos após sua homologação judicial, podendo, contudo, produzir efeitos anteriores a ela, "desde que exclusivamente à modificação do valor ou da forma de pagamento dos credores signatários" (art. 165 da LRF). Rejeitado o plano pelo juiz, devolve-se aos credores signatários o direito de exigir seus créditos nas condições originais, deduzidos os valores efetivamente realizados.

Falência

A falência é uma execução concursal movida contra um devedor, empresário ou sociedade empresária, atingindo seu patrimônio para uma venda forçada, partilhando o resultado, proporcionalmente, entre os credores. A falência atinge o empresário e a sociedade empresária, bem como o espólio do devedor empresário e aqueles que, embora expressamente proibidos, exercem atividades empresariais.

Lembre-se, leitor, de que algumas sociedades, embora empresárias, estão excluídas total ou parcialmente do regime falimentar. Para a caracterização do estado de falência é necessário que o devedor apresente-se insolvente, o que, no Brasil, presume-se por:

1. impontualidade – "sem relevante razão de direito, o devedor não paga, no vencimento, obrigação líquida materializada em

título ou títulos executivos protestados cuja soma ultrapasse o equivalente a 40 salários mínimos". Não basta o devedor estar em atraso; é preciso que sua impontualidade seja injustificada (art. 94, I, da LRF);
2. execução frustrada – "o executado por qualquer quantia líquida não paga, não deposita e não nomeia à penhora bens suficientes dentro do prazo legal" (art. 94, II, da LRF);
3. prática de atos de falência – caracteriza-se a falência se o empresário incorrer nos atos elencados no art. 94, III, da LRF.

Juízo universal falimentar

O juízo competente para o processamento da falência será o do principal estabelecimento do devedor (art. 76 da LRF). O empresário que julgue não atender aos requisitos para a recuperação judicial deverá requerer sua falência, expondo as razões da impossibilidade de prosseguir com sua atividade empresarial.

Podem requerer falência do devedor, na forma do art. 97 da LRF:

I - o próprio devedor, na forma do disposto nos arts. 105 a 107 desta Lei;
II - o cônjuge sobrevivente, qualquer herdeiro do devedor ou o inventariante;
III - o cotista ou o acionista do devedor na forma da lei ou do ato constitutivo da sociedade;
IV - qualquer credor.

Responsabilidade dos sócios

Pela lei, os sócios solidária e ilimitadamente responsáveis pelas obrigações sociais terão sua falência decretada e ficarão sujeitos aos mesmos efeitos jurídicos produzidos em relação à sociedade falida (art. 81 da LRF).

Os efeitos trazidos aplicam-se também aos sócios que tenham se retirado da sociedade há menos de dois anos. Já a responsabilidade pessoal dos sócios de responsabilidade limitada, dos controladores e dos administradores da sociedade falida será apurada no próprio juízo da falência, independentemente da realização do ativo e da prova da sua insuficiência para cobrir o passivo (art. 82 da LRF). Todavia, a ação de responsabilização prescreverá em dois anos, contados do trânsito em julgado do encerramento do processo de falência.

Defesa do devedor impontual

Uma vez citado, o devedor poderá, em 10 dias (art. 98 da LRF):

a) depositar a importância equivalente ao seu débito, sem contestar (nesse caso, extingue-se o processo de execução);
b) depositar e apresentar defesa (nesse caso, também se extingue o processo de execução);
c) não depositar, limitando-se a apresentar defesa (terá, então, sua falência declarada).

Recursos

Sentença de decretação da falência

Recebidas e cumpridas as diligências, o juiz proferirá a sentença, declarando ou não a falência. A sentença, quando declaratória, desafia o recurso de agravo por instrumento no prazo de 10 dias (art. 100 da LRF). O agravo por instrumento pode ser interposto pelo falido, pelo credor ou pelo representante do Ministério Público.

Sentença denegatória

Na sentença denegatória de falência, o juiz apreciou o mérito e julgou improcedente o pedido do credor. Nesse caso, o recurso cabível será o de apelação, no prazo de 15 dias (art. 100 da LRF).

Termo legal

Proferida a sentença, o juiz fixará o termo legal da falência. Termo legal é o lapso temporal anterior à falência, suscetível de investigação. O termo legal poderá retroagir, no máximo, 90 dias, contados do pedido de falência, do pedido de recuperação judicial ou do primeiro protesto por falta de pagamento, excluindo-se os protestos que tenham sido cancelados (art. 99, II, da LRF).

Efeitos da sentença que decreta a falência

A sentença de decretação de falência produz uma série de efeitos.

1. Quanto aos direitos dos credores – Vencimento por antecipação das obrigações do falido (art. 77 da LRF) e suspensão das ações, execuções e dos juros – contra a massa não são exigíveis juros vencidos após a decretação da falência (art. 124 da LRF). De acordo com a lei, após decretação da falência não correm mais juros enquanto não for pago o valor principal. Excetuam-se da suspensão dos juros as obrigações decorrentes de garantia real, bem como os credores debenturistas.
2. Quanto à pessoa do falido – Impõe inúmeras obrigações, entre as quais: assinar aos autos, desde que intimado da de-

cisão, termo de comparecimento com a indicação do nome e sua qualificação (art. 104 da LRF). O falido, entretanto, tem o direito de fiscalizar a administração da massa.

3. Quanto aos bens do falido – A falência atinge todos os bens do devedor, inclusive direitos e ações, salvo aqueles bens absolutamente impenhoráveis e inalienáveis, bem como a meação do cônjuge e as substâncias entorpecentes ou que causam dependência física ou psíquica (art. 108 da LRF).

4. Quanto aos contratos do falido:

Os contratos bilaterais não se resolvem pela falência e podem ser cumpridos pelo administrador judicial se o cumprimento reduzir ou evitar o aumento do passivo da massa falida ou se for necessário à manutenção e preservação de seus ativos, mediante autorização do Comitê [art. 117 da LRF].

Nos unilaterais (nos quais só uma das partes possui obrigações),

o administrador judicial, mediante autorização do Comitê, poderá dar cumprimento ao contrato se esse fato reduzir ou evitar o aumento do passivo da massa falida ou for necessário à manutenção e preservação de seus ativos, realizando o pagamento da prestação pela qual está obrigada. [art. 118 da LRF].

Os contratos de contas-correntes, embora sejam bilaterais, se resolvem com a falência, devendo ser encerrados (art. 121 da LRF).

Classificação dos créditos

Depois de o administrador realizar o atendimento aos credores da massa e as restituições em dinheiro (art. 84 da LRF), deverá efetuar o pagamento dos demais créditos, os quais são classificados conforme sua origem, na seguinte ordem (art. 83 da LRF):

I - os créditos derivados da legislação do trabalho, limitados a 150 (cento e cinquenta) salários mínimos por credor, e os decorrentes de acidentes de trabalho;
II - créditos com garantia real até o limite do valor do bem gravado;
III - créditos tributários [...];
IV - créditos com privilégio especial [...];
V - créditos com privilégio geral [...];
VI - créditos quirografários [...];
VII - as multas contratuais e as penas pecuniárias por infração das leis penais ou administrativas, inclusive as multas tributárias;
VIII – créditos subordinados [...].

Liquidação

Nessa fase, ocorrerá a realização do ativo para pagamento do passivo do devedor falido (art. 139 da LRF). O administrador deve pagar primeiramente os credores da massa; em seguida, as restituições em dinheiro; os credores da falida; e finalmente, restando recursos, os sócios (art. 149 da LRF).

Encerramento da falência

Após o julgamento das contas do administrador judicial, este apresentará em juízo o relatório final no prazo de 10 dias, indicando o valor do ativo e do produto de sua realização, o valor do passivo e o dos pagamentos feitos aos credores, e especificará justificadamente as responsabilidades com que continuará o falido. Apresentado o relatório final, o juiz encerrará a falência por sentença. Contra a sentença de encerramento cabe recurso de apelação (art. 155 da LRF). Porém, para que o falido possa reabilitar-se à prática das atividades empresariais, ainda é necessário que sejam julgadas extintas suas obrigações.

* * *

Neste capítulo, tratamos dos instrumentos de superação das crises econômico-financeiras das organizações e seus impactos no mercado, bem como a retirada, do ambiente negocial, das empresas inviáveis economicamente por meio do processo falimentar.

Conclusão

No primeiro capítulo, tratamos do direito empresarial e sua evolução no mercado, abrangendo a evolução da comercialidade à empresarialidade e suas relações com o direito público e privado, constando que interdisciplinaridade é uma realidade nos segmentos do direito e, portanto, indissociável em sua análise científica e mercadológica.

No capítulo 2, abordamos as diversas modalidades de estrutura jurídica da empresa, sendo apresentada a figura do empresário individual, da Eireli (empresa individual de responsabilidade limitada), bem como a composição societária e as obrigações jurídicas necessárias ao exercício regular dessas atividades empresariais. Com isso, reiteramos a importância da adequada escolha do modelo negocial frente aos desafios apresentados.

No capítulo 3, abordamos os tipos societários existentes no Brasil, reconhecendo que a sociedade limitada e a anônima são os modelos prioritariamente utilizados pelas empresas e, diante da responsabilidade limitada de seus sócios, constituem os principais instrumentos de fomento da atividade empresarial em nosso país. Da mesma forma, identificamos o surgimento, nas últimas décadas, de modelos alternativos de negócios que apresentam sinergia frente às formas empresariais já existentes.

No capítulo 4, destacamos o poder de decisão dos agentes jurídicos da empresa, abordando os atores do cenário organizacional e como o administrador da sociedade, os sócios da empresa e seus colaboradores mostraram-se peças fundamentais dentro da engrenagem empresarial.

O quinto capítulo discorreu sobre os contratos empresariais, apresentando as modalidades mais usuais no ambiente corporativo, de forma a instrumentalizar os gestores nas relações negociais, traduzindo segurança jurídica e harmonizando as relações existentes entre os *stakeholders* e as organizações.

O capítulo 6 tratou da empresa e sua clientela, nas relações *business-to-business* (B2B) e *business-to-consumer* (B2C) pela ótica consumerista. Concluímos, assim, que as relações de consumo demandam, por parte do legislador, proteção especial em virtude da condição vulnerável do consumidor, que, a rigor, é a parte mais fraca dessa relação.

Por derradeiro, o capítulo 7 abordou a crise econômico-financeira das organizações e as ferramentas jurídicas aplicáveis no soerguimento da atividade empresarial, constatando que a função social da empresa e sua preservação são a essência da perenidade da empresa.

Concluímos, portanto, que o direito empresarial apresentou fases de evolução do estudo da ciência. Na atualidade, constatamos que aquele comerciante do passado não pode ser visto como o empresário de hoje. A análise que se estabelece é mais abrangente, pois ele é o responsável pela organização dos fatores de produção e não somente o intermediador entre produtor e consumidor.

A preservação da empresa constitui a base principiológica do direito empresarial, com o objetivo de fomentar a atividade econômica e a manutenção das unidades produtivas.

Ferramentas jurídicas importantes, como as apresentadas, são colocadas para a exploração da atividade econômica, e o conhecimento desses instrumentos e sua utilização de maneira adequada ao contexto legal propiciam ao gestor uma análise segura e tomada de decisão sustentável em busca de uma gestão de excelência.

Referências

ALMEIDA, João Batista. *A proteção jurídica ao consumidor*. São Paulo: Saraiva, 1993.

BAKAJ, P. G.; DEZOLT, Ana Lucia P. Alicerces sólidos são necessários para construir parcerias público-privadas exitosas. *IADB*, 21 mar. 2017. Disponível em: <https://blogs.iadb.org/recaudando-bienestar/pt-br/2017/03/21/alicerces-solidos-sao-necessarios-para-construir-parcerias-publico-privadas-exitosas/>. Acesso em: 22 mar. 2017.

BASSO, Maristela. *Manual prático das associações empresariais*. Porto Alegre: Livraria do Advogado, 1998.

BITTAR. Carlos Alberto. *Contratos comerciais*. 3. ed. Rio de Janeiro: Forense Universitária, 2003.

CAMPOS, Álvaro. Smartfit aprova emissão de até R$ 540 milhões em debêntures. *Valor Econômico*, 22 nov. 2017. Disponível em: <www.valor.com.br/empresas/5201829/smartfit-aprova-emissao-de-ate-r-540-milhoes-em-debentures>. Acesso em: 27 nov. 2017.

CARVALHO, Marco Aurélio de. O Drei e a Eireli. *Diário do Grande ABC*, 17 ago. 2017. Disponível em: <www.dgabc.com.br/Noticia/2765193/o-drei-e-a-eireli>. Acesso em: 26 set. 2017.

CAVALIERI FILHO, Sérgio. *Programa de responsabilidade civil*. 5. ed. rev., aum. e atual. São Paulo: Malheiros, 2014.

COELHO, Fábio Ulhoa. *Curso de direito comercial*: direito de empresa. 19. ed. São Paulo: Saraiva, 2015. v. 2.

DINIZ, Maria Helena. *Curso de direito civil brasileiro*. 18. ed. São Paulo: Saraiva, 2002. v. 1.

GÓES, Alexandre. Antecipação de recebíveis é opção para PMEs fecharem 2017 no azul. *Portal do Fomento*, 16 nov. 2017. Disponível em: <http://portaldofomento.com.br/noticia.php?id=4198>. Acesso em: 2 dez. 2017.

MAN vende 15 caminhões TGX por leasing. *Automotive Business*, 27 nov. 2017. Disponível em: <www.automotivebusiness.com.br/noticia/26732/man-vende-15-caminhoes-tgx-por-leasing>. Acesso em: 9 dez. 2017.

MANDI, Carolina. IPO do Burger King deve movimentar entre R$ 1.544 bi e R$ 1.917 bi. *Valor Econômico*, 27 nov. 2017. Disponível em: <www.valor.com.br/empresas/5207923/ipo-do-burger-king-deve-movimentar-entre-r-1544-bi-e-r-1917-bi>. Acesso em: 30 nov. 2017.

MARTINS. Fran. *Contratos e obrigações comerciais*. 14. ed. Rio de Janeiro: Forense, 1996.

PRESSINOTT, Fernanda. A Justiça confirma recuperação judicial da trading Seara. *Valor Econômico*, 24 nov. 2017. Disponível em: <www.valor.com.br/agro/5205441/justica-confirma-recuperacao-judicial-da-trading-seara>. Acesso em: 9 dez. 2017.

RAMOS. André Luiz Santa Cruz. *Direito empresarial*. 7. ed. São Paulo: Método, 2017.

RAMOS, Camila Souza. BP se associa a Copersucar em logística de etanol. *Valor Econômico*, 30 nov. 2017. Disponível em: <www.valor.com.br/agro/5212593/bp-se-associa-copersucar-em-logistica-de-etanol>. Acesso em: 10 dez. 2017.

REQUIÃO, Rubens. *Curso de direito comercial*. 33. ed. São Paulo: Saraiva, 2014. v. 1.

REFERÊNCIAS

RIZZARDO, Arnaldo. *Leasing*: arrendamento mercantil no direito brasileiro. 4. ed. São Paulo. Revista dos Tribunais, 2000.

TANG é multada em R$ 1 milhão por propaganda enganosa. *O Globo*, 14 nov. 2017. Disponível em: <https://oglobo.globo.com/economia/defesa-do-consumidor/tang-multada-em-1-milhao-por-propaganda-enganosa-22067698>. Acesso em: 9 dez. 2017.

UNIVERSIDADE ESTÁCIO DE SÁ (UNESA). *Fundamentos de direito empresarial*. Rio de Janeiro: Unesa, [s.d.]. Disponível em: <www.passeidireto.com/arquivo/22911566/fundamentos-de-direito-empresarial>. Acesso em: nov. 2018

As autoras

Margô Trindade Sartori
Mestre em direito na área de concentração em relações econômicas com especialização na Universidade de Burgos (Espanha). Possui pós-graduação *lato sensu* em direito pela Escola da Magistratura do Estado do Rio de Janeiro (Emerj). É bacharel *magna cum laude* em direito pela Universidade Federal do Rio de Janeiro. Presidente da Comissão Direito Empresarial da OAB. Professora convidada do FGV Management. Professora adjunta de direito empresarial da Universidade Federal do Rio de Janeiro. Professora de direito empresarial da Emerj. Professora de direito empresarial na Fundação Escola Superior Ministério Público do Estado do Rio de Janeiro (Femperj). *Coach* empresarial com ênfase em empresas familiares. Palestrante. Autora do livro *Teoria da Justiça: novas perplexidades e velhos temas*. Apresentadora no programa "Saber Direito", do Supremo Tribunal Federal, veiculado pela TV Justiça. Apresentadora do programa "Apostila" nos anos de 2010 e 2011, também veiculado pela TV Justiça e pelo Supremo Tribunal Federal.

Lidia Duarte Vivas
Mestre em direito empresarial pela Universidade Candido Mendes (Ucam). Possui pós-graduação *lato sensu* em direito do trabalho pela Universidade Estácio de Sá (Unesa). É bacharel em direito

pela Universidade Federal Fluminense (UFF). Advogada no Rio de Janeiro. Possui vasta experiência na área trabalhista e empresarial adquirida em empresas nacionais e multinacionais. É professora presencial, *online* e conteudista de direito empresarial pela Unesa. Professora convidada dos cursos de pós-graduação do FGV Management, tutora e conteudista do FGV Online. Tutora no curso de graduação da Escola de Direito FGV-Rio. Professora-orientadora de monografias. Mediadora judicial junto ao Tribunal de Justiça do Rio de Janeiro (Cejusc). Consultora e instrutora do Sebrae/RJ. Palestrante.

Este livro foi impresso nas oficinas gráficas da Editora Vozes Ltda.,
Rua Frei Luís, 100 – Petrópolis, RJ.